진짜! 독해의 기술

콩나물쌤이 꼭꼭 다져주는

단단한 문해력 2

서사원 주니어

글을 잘 읽기 위해서는 독서량만큼이나 독해의 기술이 중요합니다. 단순히 많이 읽기에 앞서 어떻게 읽어야 하는지 알고 읽어야 한다는 말이지요. 자동차 수리 기술을 익혀야 자동차를 고칠 수 있는 것처럼 독해 기술을 익혀야 글을 잘 읽을 수 있습니다.

그런데 안타깝게도 대부분의 아이들은 글을 잘 읽는 기술이 없습니다. 그냥 글을 읽을 뿐 '어떻게' 읽어야 하는지 방법을 모르는 겁니다. 쉬운 글일 때는 독해의 기술이 없어도 크게 상관이 없어요. 특별한 기술이 없어도 이해가 되니까요. 문제는 글이 어려울 때입니다. 어려운 글일수록 적절한 독해 기술을 사용해야 잘 이해할 수 있어요. 그런데 많은 아이들이 이런 독해 기술이 없어서 어려움을 겪고 있습니다.

아이가 독해에 어려움을 겪을 때 여러분은 어떻게 하시나요? 올바로 글을 파악할 수 있는 기술을 가르쳐 주신 적이 있으신가요? 아마 거의 없을 겁니다. 대부분의 부모님과 선생님은 독해의 기술을 가르쳐 주지 않으세요. 그보다는 '이 글의 내용은 이러이러한 내용이야.'라고 그냥 글의 내용을 알려 주실 겁니다. 이는 아이들의 독해력 향상에 도움이 되기 어렵습니다.

아이들은 앞으로 수천, 수만 개의 글을 읽어야 합니다. 그리고 그 중에는 필연적으로 이해하지 못하는 글이 있을 거예요. 그때마다 매번 어떤 내용인지 알려 주실 수는 없습니다. 수능 시험장까지 따라가서 알려 주실 순 없잖아요. 아이의 문해력을 키우려면 이해 못하는 글의 내용을 자꾸 설명해 주면 안 돼요. 그보다 아이 스스로 이해할 수 있도록 독해의 기술을 알려 줘야 합니다. 그래야 아이가 학교에 가서도, 시험장에 가서도, 성인이 되어서도 자기 힘으로 글을 읽을 수 있습니다.

이 책은 읽기 전, 중, 후에 사용할 수 있는 10가지 유형의 독해 기술을 훈련시켜요. 단순히 문제를 풀리기만 하는 것이 아니라 다양한 독해 기술을 습득할 수 있도록 연습시키지요. 어떤 연습을 어떻게 시키는지는 이 책의 특징에서 조금 더 자세히 설명하겠습니다.

콩하~ 안녕 친구들, 저는 콩나물쌤입니다. 여러분의 문해력을 콩나물처럼 쑥쑥 키워 줄 거라서 콩나물쌤이랍니다.

여러분은 글을 읽을 때 이해를 잘하는 편인가요? 아마 어떤 글은 이해가 잘될 거고 또 어떤 글은 이해가 잘 안되겠지요. 그런데 이해가 잘 안될 때는 어떻게 하나요? 그냥 한숨만 쉬고 머리를 쥐어뜯지 않나요?

많은 친구들이 글을 이해하기 어려우면 그냥 포기해요. 하지만 원래 어려운 글은 이해하기도 어려운 법이에요. 사실 그건 어른들도 마찬가지랍니다. 어른이라고 모든 글을 잘 이해하는 건 아니거든요. 그러니 그냥 포기하면 안 되고 이해하기 위한 노력을 해야 해요.

어려운 글이 있으면 어떻게 해야 하냐고요? 바로 이해하기 위한 기술을 사용해야 해요. 멋지게 피아노 연주를 하고 멋진 슛을 쏘는 것처럼 글을 이해하는 데도 기술이 필요하답니다.

이렇게 글을 잘 이해하기 위한 기술을 독해 기술이라고 해요. 독해 기술을 익히면 어려웠던 글들도 잘 이해할 수 있어요. 단순히 읽고 그냥 '모르겠다' 하는 것이 아니라 이해하기 위한 방법을 쓰니까 이해가 되는 거예요.

이 책에서 여러분은 글을 더 잘 이해할 수 있는 다양한 독해 기술을 배울 거예요. 이 독해 기술을 모두 익힌다면 여러분이 이해하지 못할 글은 없어요. 어려운 글을 만나도 독해 기술을 하나씩 쓰면서 천천히 이해해 나가면 되니까요. 그날까지 콩나물쌤과 함께 열심히 연습해 봐요.

자, 독해 기술을 익힐 준비 되었나요? 그럼 지금 같이 출발해 봐요~ 콩하!!

이 책은 학생들이 다양한 독해 기술을 자연스럽게 익힐 수 있도록 구성되어 있어요.
그 특징을 하나씩 살펴보겠습니다.

시리즈 4권

이 책은 1권부터 4권까지 총 4권으로 구성되어 있어요. 1권에서 4권으로 갈수록 점차 난이도가 올라가요. 지문의 길이가 조금씩 길어지고 문제도 조금씩 어려워집니다. 그래서 점점 더 난이도를 올려가며 학습할 수 있게 구성되어 있어요. 또한 각 권에서 훈련하는 읽기 기술이 약간씩 달라집니다. 다양한 독해 기술을 빠트림 없이 익히기 위해 1권부터 시작해 4권까지 차례대로 학습하는 것을 권합니다.

한 권 30일

한 권은 30일 동안 할 수 있도록 구성되어 있어요. 하루도 빠짐없이 한다면 딱 한 달이면 끝낼 수 있는 분량이죠. 매일 할 수 있다면 가장 좋을 거예요. 하지만 읽기 수준에 따라 주 5회 혹은 주 3회 진행해도 좋아요. 다만 포기하지 말고 끝까지 해야 해요. 참고로 1권은 1~30번, 2권은 31~60번, 3권은 61~90번, 마지막 4권은 91~120번으로 이루어져 있어요.

하루 1개

하루의 학습 내용은 지문과 문제로 이루어져 있어요. 지문은 1개, 문제는 6개입니다. 다만 한 문제가 꽤 길 때는 문제가 5번까지만 있기도 해요.

3개 영역 6개 갈래

지문은 크게 3개 분야로 이루어져 있어요. 바로 인문·사회, 과학·기술, 예술·체육입니다. 인문·사회는 경제, 사회, 문화, 지리, 인물, 철학·도덕으로 구성되어 있습니다. 과학·기술은 물리, 생물, 화학, 지구과학, 환경, 기술로 구성되어 있어요. 예술·체육은 음악, 미술, 체육, 기타로 구성되어 있지요. 이 시리즈와 함께라면 매우 다양한 분야의 다양한 글을 읽을 수 있을 거예요.

또한 여러 갈래의 글을 만날 수 있습니다. 설명문, 논설문, 전기문, 기행문, 편지글, 실용문 등 교과서는 물론 일상생활에서 마주치게 되는 다양한 갈래의 지문을 읽어 보세요.

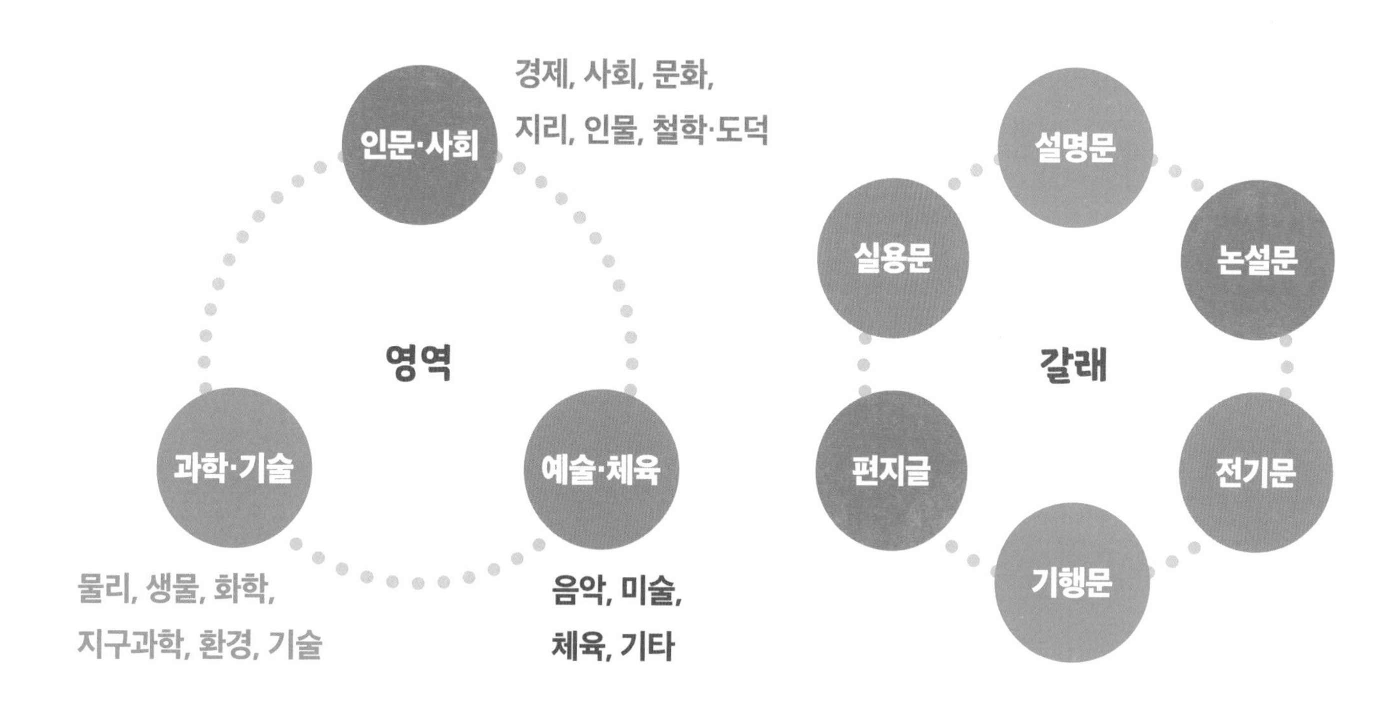

3단계 문제

문제는 크게 읽기 전, 읽기 중, 읽기 후의 3단계로 구성되어 있어요. 1번 문제는 읽기 전, 2번 문제는 읽기 중, 그리고 3~6번 문제는 읽기 후 단계예요. 문해력에 관한 연구를 보면 문해력이 좋은 사람은 그냥 글을 읽고 문제를 풀지 않아요. 읽기 전 그리고 읽는 중에 글을 더 잘 이해하기 위한 활동을 해요. 배경지식을 떠올리거나 필요한 부분에 표시를 하는 등의 활동을 합니다. 그래서 이 책에서는 읽기 후에 풀어야 하는 문제뿐 아니라 읽기 전과 읽기 중에 해야 하는 활동을 포함하고 있어요. 이를 계속해서 연습하다 보면 읽기 전과 읽기 중에 해야 하는 활동이 자연스럽게 몸에 배게 될 거예요.

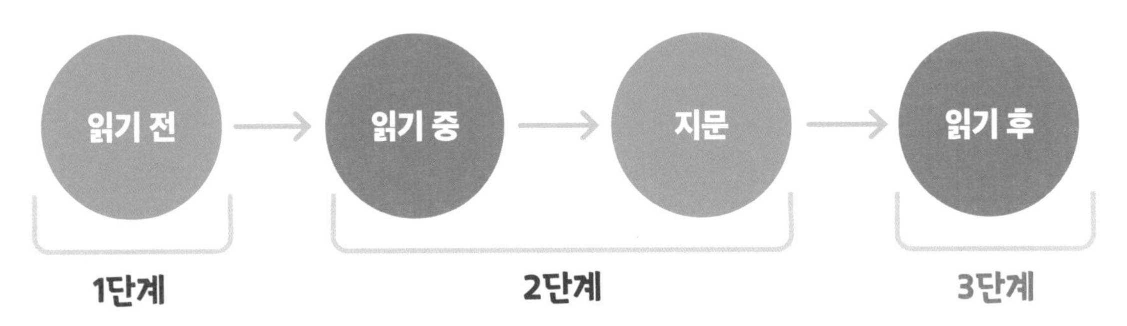

10가지 문제 유형

문제는 총 10가지 유형으로 구성되어 있어요. 유창성, 배경지식, 이해 전략, 어휘, 독해, 구조화, 그래픽 조직자, 질문, 사고력, 쓰기가 그것이에요. 크게 묶으면 10가지 유형이지만, 사실 그 아래에는 더 세부적인 유형이 있어요. 예를 들어 어휘라는 하나의 유형 안에 문맥 추론, 형태 추론, 어휘 확장, 어휘 학습, 단어 의식 등 다양한 종류의 문제가 있어요. 많은 독해 문제집이 몇 가지 유형의 문제를 계속 반복하는 것과 크게 차별화된 점이지요. 이 책만 꾸준히 학습해도 문해력에 필요한 모든 독해 기술들을 습득할 수 있습니다.

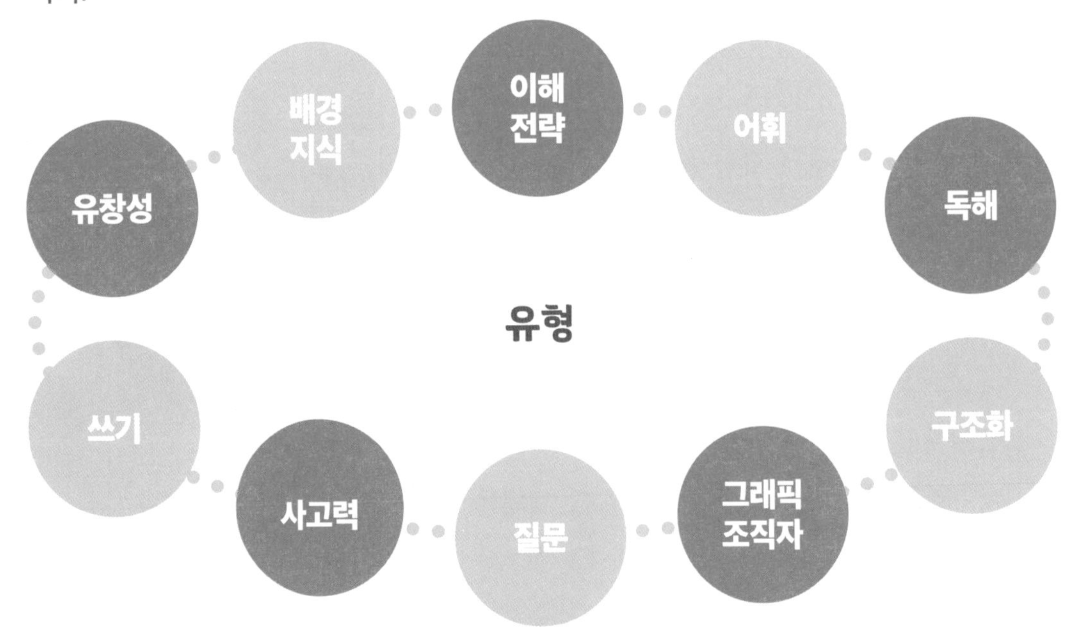

1일차 미리 보기

지문의 분야와 갈래

과학 기술 | 실용문

1단계

읽기 전 이해 전략

1 도라슨 드라이기로 바꾸세요

과학 기술 | 실용문

읽기 전 이해 전략

1 다음 지시에 따라 지문의 내용을 예상해 보세요.

(1) 다음 페이지에 주어진 글을 지문이라고 합니다.

(2) 지문 제목은 '도라슨 드라이기로 바꾸세요'입니다.

(3) 제목으로 볼 때 글에는 어떤 내용이 담겨 있을까요?

지문

도라슨 드라이기로 바꾸세요

1문단 바쁜 아침, 머리를 말리는 데 시간이 너무 오래 걸리나요? 심지어 지각할 뻔한 적도 있다고요? 숱이 많고 긴 머리를 말리느라 힘이 드나요? 급하게 머리를 말리려다 머리카락을 태운 적이 있나요? 도라슨 드라이기를 만나 보세요. 이 모든 문제가 한 번에 해결됩니다.

2문단 도라슨 특유[1]의 강력한 모터로 힘차게 공기를 밀어내 머리카락 사이사이로 건조한 공기를 보내 줍니다. 바람이 여러 방향에서 나오도록 만들어 숱이 많고 긴 머리도 더욱 쉽게 말릴 수 있습니다. 머리카락이 건조되는 데 걸리는 시간을 ㉠최대[2] 1/3로 줄였습니다.

3문단 머리카락 타는 냄새는 이제 그만! 1초당 20회씩 공기의 온도를 측정[3]해 바람의 온도를 150도 이하로 유지합니다. 뜨겁지 않고 부드러운 바람으로 편하게 머리를 말려 보세요.

4문단 도라슨 드라이기와 함께 건강하고 윤기 있는 머리카락을 유지해 보세요!

주목할 어휘
1 특유 | 일정한 사물만이 특별히 갖추고 있음
2 최대 | 수나 양 따위가 가장 큰
3 측정 | 양의 크기를 잼

2단계

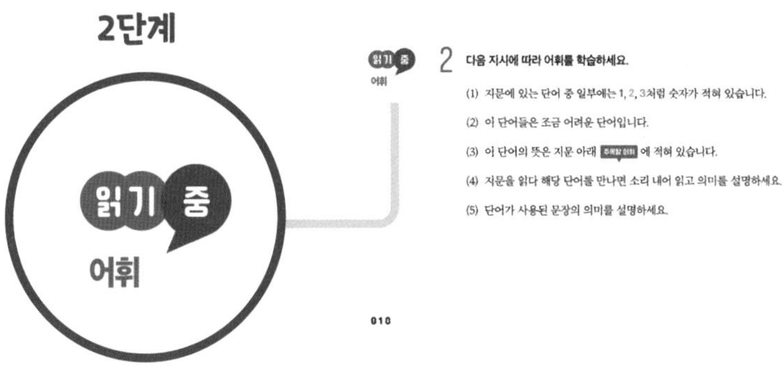

읽기 중 어휘

2 다음 지시에 따라 어휘를 학습하세요.

(1) 지문에 있는 단어 중 일부에는 1, 2, 3처럼 숫자가 적혀 있습니다.

(2) 이 단어들은 조금 어려운 단어입니다.

(3) 이 단어의 뜻은 지문 아래 주목할 어휘 에 적혀 있습니다.

(4) 지문을 읽다 해당 단어를 만나면 소리 내어 읽고 의미를 설명하세요.

(5) 단어가 사용된 문장의 의미를 설명하세요.

3단계

읽기 후 독해

읽기 후 어휘

3 다음 지시에 따라 어휘를 학습하세요.

(1) ㉠최대는 다음 한자로 이루어집니다.

가장 최 最
클 대 大 → 가장 큰

(2) 클 대(大)가 사용된 다음 단어의 뜻을 짐작해 보세요.

대인	클 대 + 사람 인	
대설	클 대 + 눈 설	
확대	넓힐 확 + 클 대	

읽기 후 독해

이 글은 결국 무엇에 대해 말하는

4 지문에서 가장 중요한 단어는 무엇인가요? (   )

① 머리카락
② 도라슨 드라이기
③ 머리
④ 바람
⑤ 모터

읽기 후 구조화

5 다음 지시에 따라 이 글을 정리하세요.

(1) 지문은 우선 보통의 드라이기가 가진 문제를 설명합니다.

(2) 그리고 이 문제를 도라슨 드라이기가 해결한 방법을 설명합니다.

(3) 글에서 말한 문제와 해결 방법을 다음 표에 정리하세요.

드라이기

문제	→	해결
• 머리를 말리는 데 시간이 너무 오래 걸림		•
•		• 1초당 20회씩 공기 온도를 측정해 바람의 온도를 150도 이하로 유지함

읽기 후 사고력

정답은 없으니

6 여러분이 바꾸고 싶은 물건 이름을 쓰고 아이디어를 정리해 보세요.

문제	→	해결
•		•
•		•

차례 단단한 문해력 한 달 계획표

31일차, 44일차는 콩나물쌤의 강의 영상과 함께하세요.

31 구름과 안개, 무엇이 다를까?

콩나물쌤의 강의 영상

어휘

1 다음 설명을 보고 지표면의 의미를 설명하세요.

설명과 그림을 비교하며 생각해 보세요.

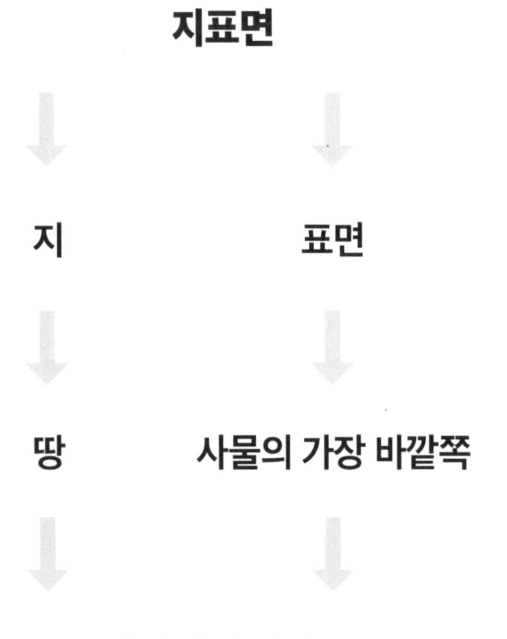

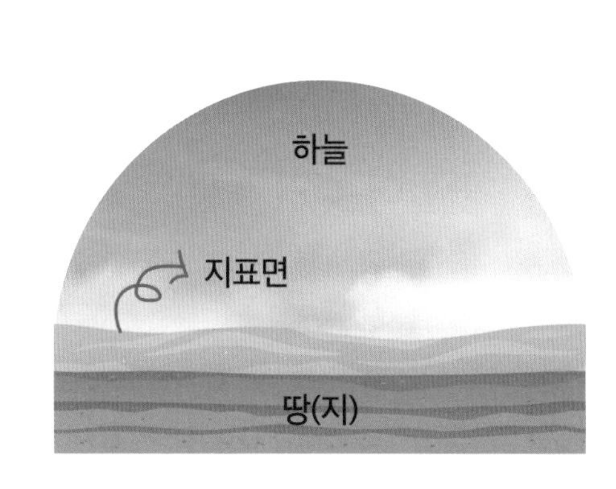

이해 전략

2 다음 지시에 따라 핵심 문장을 찾아보세요.

절대 빠지면 안 되는 문장을 찾아보세요.

(1) 핵심 문장은 가장 중요한 문장입니다.

(2) 문단마다 핵심 문장이 1개씩 있습니다.

(3) 각 문단에서 핵심 문장을 찾으세요.

(4) 찾았으면 밑줄을 그으세요.

지문

구름과 안개, 무엇이 다를까?

1문단 가끔 산허리에 걸려 있는 구름을 볼 수 있습니다. 그런데 막상 산허리에 올라가 보면 자욱한 안개만을 볼 수 있습니다. 안개와 구름은 같은 것일까요?

2문단 성질만 보자면 안개와 구름은 같아요. 둘 다 공기 속의 수증기[1]가 물방울로 변하는 응결[2] 현상 때문에 일어나는 기상[3] 현상이에요. 다만 구름은 하늘 높은 곳에서, 안개는 지표면에서 생긴다는 차이가 있지요.

3문단 구름은 지표면에서 아주 먼 하늘 높은 곳에서 생겨요. 이렇게 높은 곳은 기온이 낮아요. 그래서 수증기는 이곳에서 아주 작은 물방울이나 얼음 알갱이로 변해요. 주변 상황에 따라 구름의 모습은 매우 다양하게 나타난답니다.

4문단 안개는 지표면에서 가까운 곳에서 생겨요. 주변 상황에 의해 갑자기 공기의 온도가 낮아지면 수증기가 물방울로 변하면서 생겨요. 예를 들어 따뜻한 공기가 차가운 물 위를 지나가거나, 낮과 밤의 기온 차로 인해 땅이 심하게 차가울 경우 안개가 생기지요.

1 **수증기** | 기체 상태로 되어 있는 물

2 **응결** | 한데 엉기어 뭉침

3 **기상** | 비, 바람, 눈, 구름 등 지구 대기에서 일어나는 현상

독해

3 다음 지시에 따라 다음 문장의 의미를 살펴봅시다.

둘 다 공기 속의 수증기가 물방울로 변하는 응결 현상 때문에 일어나는 기상 현상이에요.

(1) 아래처럼 의미 단위로 끊습니다.

❶ 둘 다 공기 속의 수증기가 / ❷ 물방울로 변하는 응결 현상 때문에 / ❸ 일어나는 기상 현상이에요.

무작정 지시만 따라 하지 말고 이해를 하려고 노력해야 합니다.

(2) 붉은색 단어의 뜻을 확인하세요.

① **수증기**: 기체 상태로 되어 있는 물

② **응결**: 한데 엉기어 뭉침

③ **기상**: 비, 바람, 눈, 구름 등 지구 대기에서 일어나는 현상

(3) 붉은색 단어 대신 그 뜻을 넣어 문장을 쉽게 바꾸세요.

① 둘 다 공기 속의 .... 이

② 물방울로 .... 현상 때문에

③ .... 에서 일어나는 현상이에요.

(4) 여러분의 말로 좀 더 쉽게 설명하세요.

....

....

....

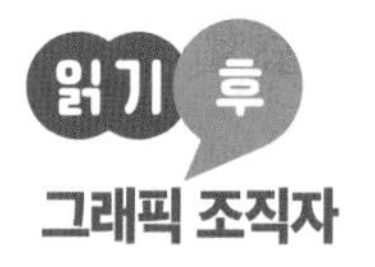

그래픽 조직자

4 구름과 안개의 차이를 다음 표에 정리하세요.

	구름	안개
공통점		
차이점		

구조화

5 다음 중 이 글의 구조로 가장 정확한 것을 고르세요. (   )

① 사실과 의견 - 구름과 안개에 대한 자신의 의견을 말하고 있다.

② 문제와 해결 - 안개로 인해 생기는 문제점에 대해 말하고 있다.

③ 비교와 대조 - 구름과 안개의 공통점과 차이점을 말하고 있다.

④ 순서와 차례 - 구름과 안개가 발생하는 일의 순서에 대해 말하고 있다.

⑤ 주장과 근거 - 구름이 안개보다 더 좋다고 주장하고 있다.

엘니뇨와 라니냐

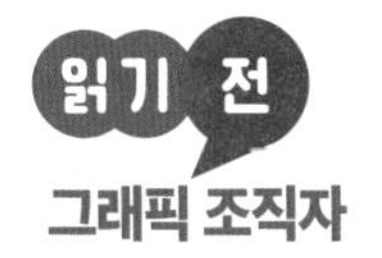

1 다음 그림에 알맞은 단어를 보기에서 골라 써넣으세요.

보기

한파 폭설 폭염 열대야 집중호우 태풍 가뭄 엘니뇨 라니냐

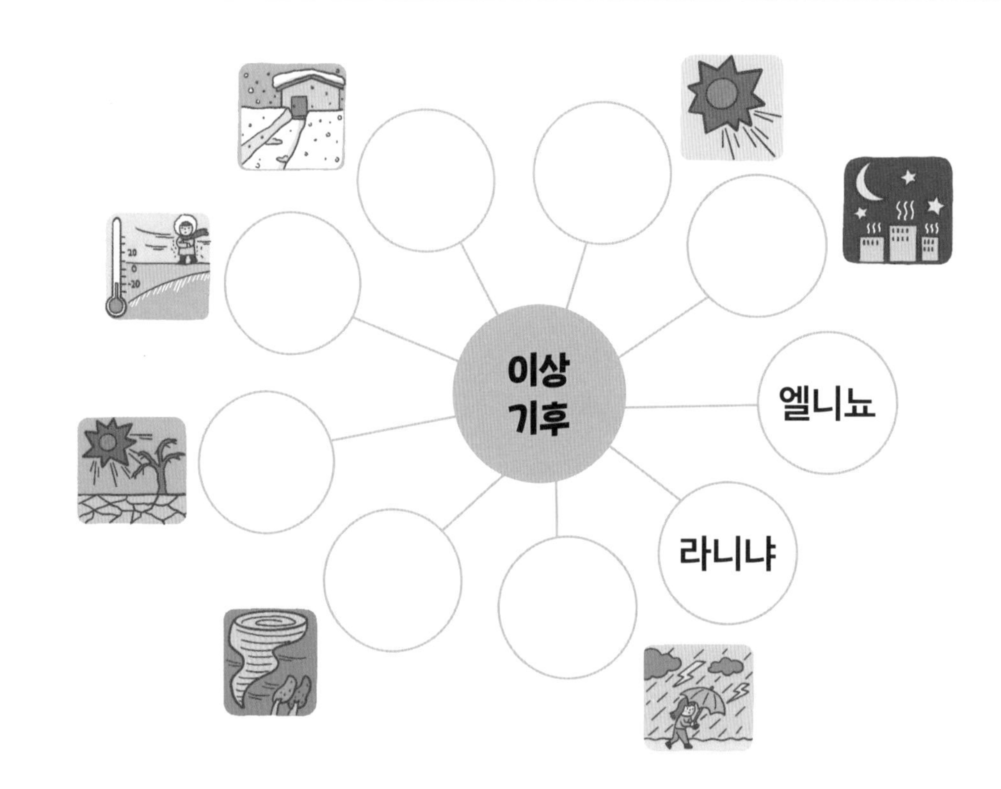

2 다음 지시를 모두 읽은 후 하나씩 따라 하세요.

(1) 글을 읽다 보면 순간 다른 생각을 할 때가 있습니다.

(2) 이럴 때는 스스로 딴생각을 하고 있음을 빨리 알아차려야 합니다.

(3) 지문을 읽다 다른 생각이 들면 지문 오른쪽에 ✓표를 합니다.

(4) 다 읽은 후 몇 번 다른 생각을 했고 어떤 생각을 했는지 떠올려 보세요.

지문

엘니뇨와 라니냐

1문단 엘니뇨는 태평양의 바닷물 온도가 높아진 채로 일정 기간 동안 유지되는 현상을 말해요. 바닷물의 온도가 다른 해보다 2~3도 높아지면 엘니뇨라고 해요. 반대로 바닷물 온도가 예년[1]보다 0.5도 이상 낮아지는 현상은 라니냐라고 해요. 스페인어로 엘니뇨는 남자아이, 라니냐는 여자아이라는 뜻이에요.

2문단 엘니뇨와 라니냐는 지구의 기후 전체에 영향을 미쳐요. 바닷물 온도가 공기와 바닷물의 흐름을 바꾸기 때문에, 세계 곳곳에 이상기상 현상을 일으키지요. 평소보다 따뜻한 겨울이 오거나 반대로 한파[2]가 오기도 해요. 비가 많이 오던 지역에 가뭄이 들거나, 비가 적게 오던 지역에 폭우가 내리기도 하지요. 가뭄으로 인해 산불이 일어나기도 하고, 태풍이 오기도 하고, 갑작스레 질병이 증가하기도 합니다. 그래서 엘니뇨가 생긴 해에는 인명 피해가 급증해요. 가뭄이나 홍수 등으로 집을 잃은 이재민[3]이나 사망자가 크게 늘기 때문이에요. 재산 피해도 매우 크지요.

3문단 이런 피해를 막기 위해서 세계 여러 나라에서는 엘니뇨에 대해 연구하고 예측하려고 큰 노력을 기울이고 있어요. 주로 인공위성을 이용해 바다를 주기적으로 관측하고 있답니다.

1 **예년** | 보통의 해로 일기예보에서는 지난 30년 간 평균 기후를 뜻함

2 **한파** | 겨울철에 기온이 갑자기 내려가는 현상

3 **이재민** | 재해를 입은 사람

어휘

3 다음 지시에 따라 어휘를 학습해 보세요.

(1) 폭우는 사나울 폭 + 비 우입니다.

(2) 그래서 폭우는 갑자기 세차게 쏟아지는 비입니다.

(3) 사나울 폭이 사용된 다른 단어의 뜻을 생각해 써 보세요.

한자 1		한자 2		단어	의미
사나울 폭	+	비 우	=	폭우	갑자기 세차게 쏟아지는 비
		눈 설		폭설	
		바람 풍		폭풍	
		달릴 주		폭주	

독해

말로 한 후
글로 써 보세요.

4 다음 지시에 따라 1문단의 내용을 요약하세요.

(1) 1문단에서 가장 중요한 단어 2개를 골라 O표 하세요.

(2) 두 단어의 의미를 각각 설명해 보세요.

(3) 두 설명을 한 문장으로 합쳐 보세요.

(4) 방금 말한 내용을 한 문장으로 쓰세요.

독해

많은 정보가 나올 때는 이처럼 번호를 매겨 보세요.

5

다음 지시에 따라 이상기후 현상을 정리하세요.

(1) 엘니뇨와 라니냐로 인한 이상기후 현상에 대한 설명이 어디 있나요? 문단을 찾아 ○표 하세요.

(2) 찾은 문단을 다시 읽으면서 이상기후 현상을 하나씩 찾으세요.

(3) 찾을 때마다 ①, ②, ③처럼 번호를 매기세요.

(4) 다음에 3가지만 골라서 쓰세요.

-
-
-

쓰기

6 다음 지시에 따라 질문을 만들어 보세요.

(1) 글에서 문장 하나를 고르세요.

(2) 고른 문장에 '왜'를 이용하여 질문을 만드세요.

보기

문장 스페인어로 엘니뇨는 남자아이, 라니냐는 여자아이라는 뜻이에요.

질문 왜 남자아이와 여자아이라는 뜻으로 이름을 지었을까?

문장

질문

태풍이 하는 일

읽기 전
그래픽 조직자

창의적인
질문을
해 보세요.

1 태풍에 대해 알고 있는 것과 알고 싶은 것을 쓰세요.

내가 알고 있는 것	알고 싶은 것
•	•

읽기 중
이해 전략

2 다음 지시에 따라 지문을 읽으세요.

(1) 긴 글을 처음부터 끝까지 한 번에 읽으면 내용이 잘 기억나지 않을 때가 많습니다.

(2) 이럴 때는 문단마다 어떤 내용이었는지 정리하면서 읽으면 좋습니다.

(3) 한 문단을 읽을 때마다 읽기를 멈추고 어떤 내용인지 설명해 봅니다.

(4) 다 읽은 후 다시 한번 전체 내용을 설명해 봅니다.

지문

태풍이 하는 일

1문단 매년 초여름, 일기예보에서 태풍이 온다는 소식이 들리면 걱정부터 하게 됩니다. 좁은 지역에 한꺼번에 많은 비가 내리는 집중호우. 나무를 쓰러뜨릴 정도로 세게 부는 강풍. 태풍으로 인한 이러한 기상 현상은 우리 생활에 큰 피해를 주기 때문입니다. 사람에게는 많은 피해를 줄지 모르지만 지구 전체로 보면 태풍은 좋은 영향을 미치기도 합니다.

2문단 태풍은 적도 부근의 바닷물이 뜨거운 태양열[1]을 받아 증발[2]한 구름과 북쪽에서 내려온 차고 무거운 공기가 만나 생깁니다. 이 과정에서 적도 지방의 열에너지를 북쪽으로 가져와 지구 전체적으로 에너지가 골고루 퍼질 수 있게 돕습니다. 적도 지방에서 만들어진 구름이 북쪽으로 와서 비가 되어 주기 때문에 건조한 지방에 물을 공급해 주는 역할을 하기도 하지요.

3문단 태풍으로 인한 바람은 바닷물을 뒤섞을 정도로 강한데, 이 덕분에 해저[3]에 있던 플랑크톤이 위로 올라오고 바닷속 오염 물질을 퍼뜨려 적조 현상을 막아 주기도 합니다. 우리 눈에 무시무시하게만 보이는 태풍이 지구 전체에는 이처럼 좋은 영향도 준답니다.

주목할 어휘
1 **태양열** | 태양에서 나와 지구에 도달하는 열
2 **증발** | 어떤 물질이 액체 상태에서 기체 상태로 변함
3 **해저** | 바다의 밑바닥

어휘

3 다음 지시에 따라 1문단에 나온 단어를 정리하세요.

(1) 1문단에서 다음 단어를 찾아 ○표 하세요.

중요한 단어가 있다면 이처럼 표시하고 서로의 관계에 대해 생각해 보세요.

(2) 위 단어를 서로 간의 관계에 따라 아래 표에 정리하세요.

독해

4 다음 중 태풍에 대해 잘못 이해한 것은 무엇인가요? (　　　　)

① 태풍이 예보되면 많은 사람들이 걱정한다.

② 태풍으로 인해 사람도 자연도 큰 피해를 입는다.

③ 더운 지방의 열에너지를 북쪽으로 보내 준다.

④ 건조한 지방에 물을 공급해 준다.

⑤ 바닷속 오염 물질을 퍼뜨려 준다.

요약하기

5 빈칸에 알맞은 말을 넣어 이 글을 요약하세요.

태풍은 사람들에게 피해를 입히기는 하지만 지구에는 여러 좋은 영향을 끼칩니다. ❶□□ 지방의 에너지를 지구 전체에 고루 퍼지게 하고 건조한 지방에 물을 ❷□□하기도 합니다. 바닷물을 뒤섞어 해저 플랑크톤을 위로 올라오게 하고 바닷속 오염 물질을 퍼뜨려 ❸□□ 현상을 막아 주기도 합니다.

❶ .... ❷ .... ❸ ....

읽기 후

그래픽 조직자

6 이 글을 읽고 태풍에 대해 알게 된 것과 더 알고 싶은 것을 쓰세요.

내가 알고 있는 것	알고 싶은 것
•	•

34 이순신 장군

어휘

1 다음 지시에 따라 어휘를 살펴보세요.

(1) 반대말을 통해 글에서 나오는 어휘를 이해해 봅시다.

단어	반대말
무관: 군사 일을 하는 관리	**문관:** 군사 일을 하지 않는 관리
해전: 바다에서 벌이는 전투	**공중전:** 공중에서 벌이는 전투

(2) 다음 그림 밑에 알맞은 단어를 써넣으세요.

이해 전략

시간순으로 진행되는 글은 시간의 흐름에 집중해 보세요.

2 다음 지시에 따라 지문의 내용을 생각하며 읽으세요.

(1) 지문은 이순신 장군에 대한 내용입니다.

(2) 이순신 장군이 태어나서 죽을 때까지의 일을 설명하고 있습니다.

(3) 읽으면서 연도나 나이 등 시간을 나타내는 말을 찾아보세요.

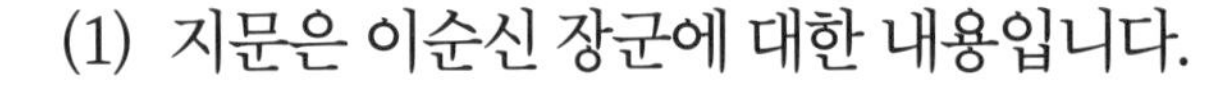

(4) 찾았다면 ○표 합니다.

지문

이순신 장군

1문단 이순신 장군은 조선 시대였던 1545년에 서울에서 태어났다. 27세에 무관이 되기 위해 시험을 치렀는데 말에서 떨어지며 꿈을 이루지 못했다. 4년 뒤 다시 도전하여 31세의 나이로 무관이 될 수 있었다.

2문단 46세에 전라좌수사에 임명되었다. 이순신 장군은 왜군[1]이 곧 쳐들어올 것을 예상하고 곧바로 이에 대비하기 시작했다. 좌수사가 된 지 불과 14개월 만에 임진왜란이 일어났다. 보름 만에 왜군이 서울까지 쳐들어와 우리나라를 통째로 내줄 판이었다.

3문단 이때 이순신 장군이 옥포해전, 한산도대첩, 당포해전 등 모든 해전에서 승리하며 우리나라를 구해 냈다. 거북선과 화포 등 뛰어난 무기에 뛰어난 전법[2]을 더해 얻은 승리였다. 특히 1592년 한산도대첩에서 사용한, 학이 날개를 편 모양으로 적을 포위하는 학익진 전법이 유명하다. 1597년 명량대첩에서는 12척의 배로 133척이나 되는 왜군의 배와 싸워 승리를 거두기도 했다.

4문단 일본으로 돌아가는 일본군을 이순신 장군은 순순히 보내 주지 않았다. 1598년 노량진에서 일본군 전함[3] 500여 척을 끝까지 공격했다. 안타깝게도 바로 이 노량해전에서 이순신 장군은 적이 쏜 화살에 맞아 세상을 떠났다.

주목할 어휘

1 **왜군** | 일본의 군대를 낮잡아 이르는 말

2 **전법** | 전쟁에서 상대와 싸우는 방법

3 **전함** | 전쟁할 때 쓰는 배

독해

3 지문을 읽고 여러분이 기억하는 내용을 최대한 많이 쓰세요.

•

그래픽 조직자

4 다음 표에 이순신 장군의 삶을 정리하세요.

시기	한 일
1545년	서울에서 태어남
27세	
	무관이 됨
46세	
	한산도대첩에서 학익진 전법을 사용함
1597년	
	노량해전에서 세상을 떠남

5 다음 지시에 따라 이순신 장군이 활약했던 전라좌수사에 대해 알아보세요.

(1) 전라좌수사는 우리나라 남쪽 바다를 지키는 관리입니다.

(2) 전라도의 왼쪽(좌) 바다(수)를 지키는 관리(사)라는 의미입니다.

(3) 전라좌수사 외에 바다를 지키는 관리에는 무엇이 있었을까요?

(4) 다음 힌트를 이용하여 짐작해 보세요.

❶ 우리나라 남쪽 지방에는 전라도와 경상도가 있습니다.

❷ 왼쪽 좌의 반대말은 오른쪽 우입니다.

지도의 남북이 뒤집혀 있는 이유는 왕이 있는 한양 입장에서 좌우를 생각하기 때문입니다.

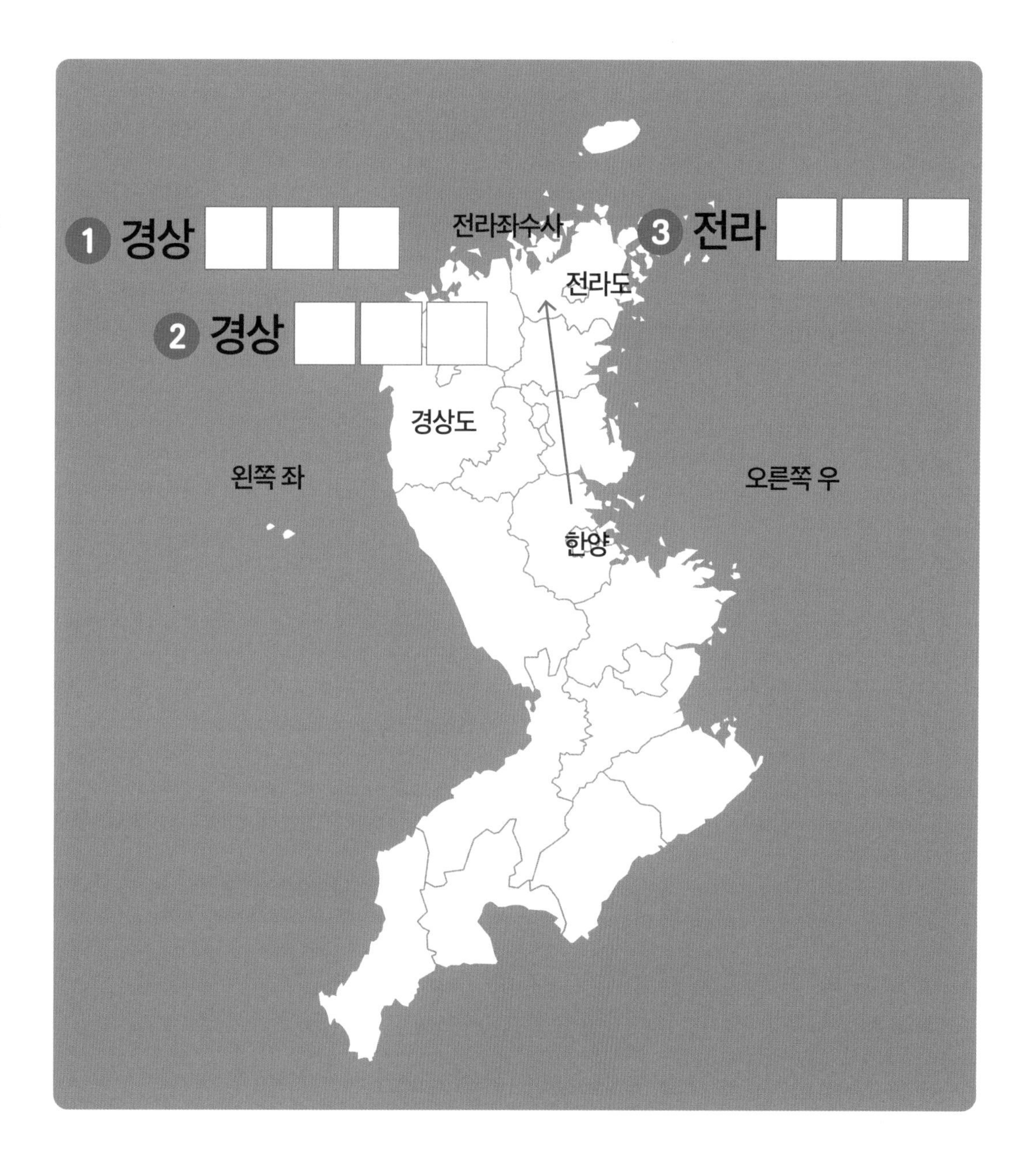

스키와 스노보드를 아시나요?

배경지식

1 여러분이 알고 있는 겨울 스포츠를 쓰세요.

동계 올림픽을 봤던 기억을 떠올려 보세요.

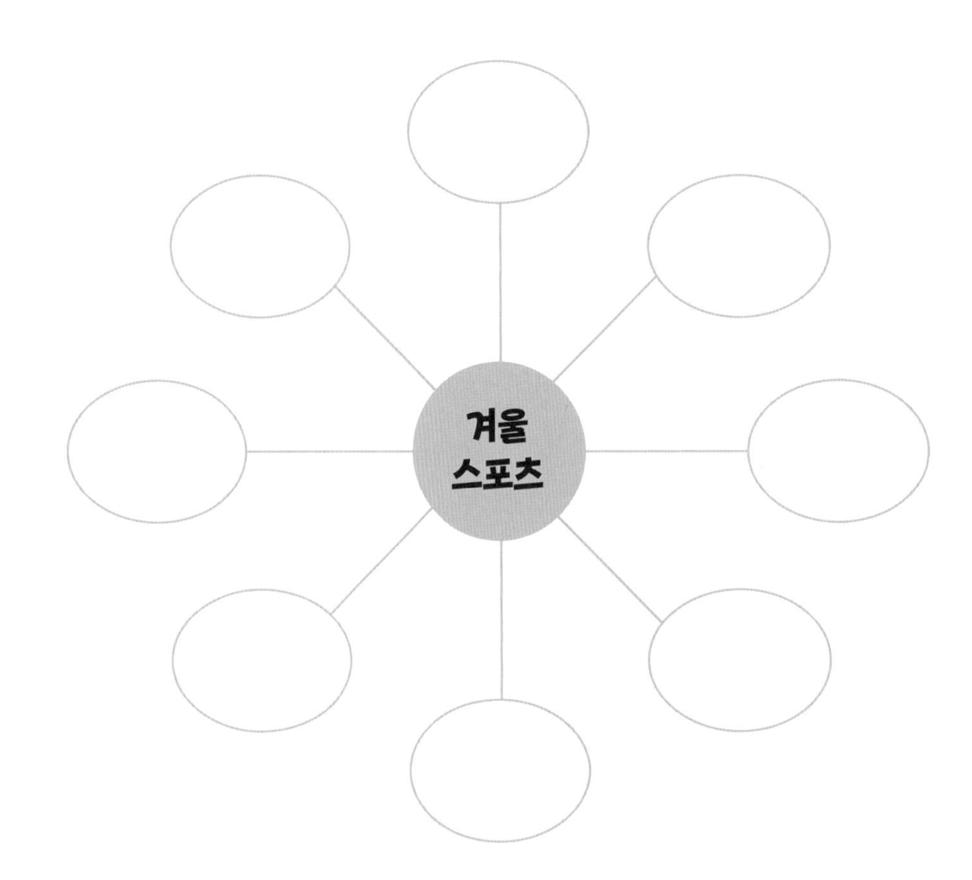

이해 전략

2 다음 지시에 따라 표시하며 지문을 읽으세요.

비교하는 내용은 이처럼 다르게 표시하면 좋습니다.

(1) 지문은 스키와 스노보드의 차이점에 대해 설명하고 있습니다.

(2) 스키에 대한 설명은 밑줄을 그으세요.

(3) 스노보드에 대한 설명은 물결 밑줄을 그으세요.

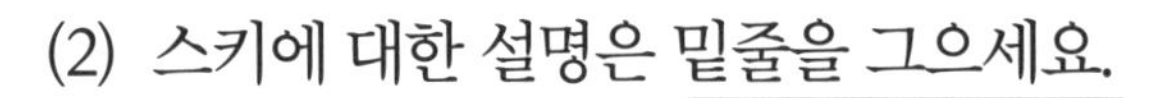

지문

스키와 스노보드를 아시나요?

1문단 겨울철 눈 덮인 산비탈[1]을 신나게 미끄러져 내려오는 스포츠, 바로 스키와 스노보드입니다. 닮은 듯하지만 서로 다른 스키와 스노보드에 대해 알아보겠습니다.

2문단 스키는 아주 오래전부터 이동 수단으로 활용되다 지금은 스포츠가 되었어요. 스키를 타려면 스키 판, 스키 신발, 폴이 모두 한 쌍씩 필요해요. 기다란 널빤지[2] 모양의 스키 판은 바인딩을 붙여 이용해요. 바인딩은 스키와 스키 신발을 연결해 주는 장치예요. 폴은 끝이 뾰족한 막대로 몸의 균형을 잡기 위해 사용해요.

3문단 스노보드는 역사가 50년밖에 안 되는 스포츠로 필요한 장비[3]는 이보다 적어요. 스노보드 데크 1개와 신발 한 쌍이 필요합니다. 스노보드 데크 역시 스키 판처럼 기다란 널빤지 모양이지만 넓이는 훨씬 넓어요. 스키처럼 바인딩을 통해 데크와 신발이 연결되지요.

4문단 스키를 탈 때는 두 다리가 서로 다른 판에 연결되어 두 다리를 따로 움직여서 타게 돼요. 반면 스노보드를 탈 때는 두 다리가 하나의 데크에 연결되어 두 다리를 따로 움직일 수 없어요. 스키는 폴을 이용해 땅을 짚을 수 있지만 스노보드는 폴이 없어 장갑을 낀 손으로 땅을 짚게 돼요.

주목할 어휘

1 **산비탈** | 산에 가파르게 기울어져 있는 곳

2 **널빤지** | 판판하고 넓게 켠 나뭇조각

3 **장비** | 갖추어 차리는 장치와 설비

3 다음 2문단을 다시 읽고 그림에 맞는 장비의 이름을 쓰세요.

스키는 아주 오래전부터 이동 수단으로 활용되다 지금은 스포츠가 되었어요. 스키를 타려면 스키 판, 스키 신발, 폴이 모두 한 쌍씩 필요해요. 기다란 널빤지 모양의 스키 판은 바인딩을 붙여 이용해요. 바인딩은 스키와 스키 신발을 연결해 주는 장치예요. 폴은 끝이 뾰족한 막대로 몸의 균형을 잡기 위해 사용해요.

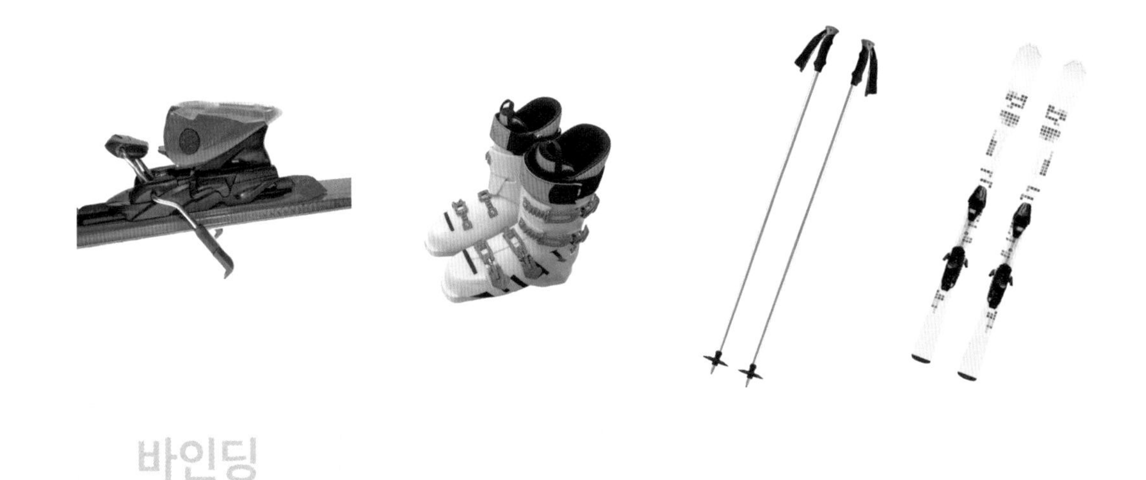

읽기 후
적용하기

4 3문단을 다시 읽으면서 다음 그림에서 장비의 이름을 쓰세요.

독해

5 다음 중 글의 내용과 다른 설명을 고르세요. (　　　　)

① 스키는 스노보드보다 두 발이 자유롭다.

② 스노보드의 역사가 스키보다 더 길다.

③ 스노보드에 필요한 장비가 스키보다 더 적다.

④ 스키와 스노보드 모두 눈 위에서 즐기는 스포츠다.

⑤ 스키와 스노보드 모두 신발을 바인딩에 연결한다.

쓰기

6 여러분은 스키와 스노보드 중 무엇을 타고 싶나요? 그 이유를 글로 쓰세요.

개기 월식의 관측 보고서

1 스마트폰으로 다음 QR 코드를 찍어 영상을 시청하세요.

일식과 월식

2 다음 지시에 따라 지문을 읽으세요.

(1) 글의 내용을 그림으로 표현할 수 있는 경우가 있습니다.

(2) 이럴 때는 실제로 그림을 그려 보면 이해하기 쉬워집니다.

(3) 실제로 그리기 어렵다면 머릿속으로 상상해 봐도 좋습니다.

(4) 3문단을 읽을 때 장면을 상상하며 글을 읽도록 합니다.

지문

개기 월식의 관측 보고서

1문단

1. 관찰[1] 계기[2]

평소 천체 현상에 관심이 많았고, 이번에 일어날 개기 월식이 천왕성을 가리는 현상과 동시에 발생하는 드문 일이라고 해서 직접 관찰해 보기로 했다.

2문단

2. 관찰 계획

1) 일시 : 2022년 11월 8일

2) 장소 : 중미산 천문대

3) 방법 : 중미산 천문대 개기 월식 프로그램에 참여

3문단

3. 관찰 내용

- 오후 6시 09분 : 달의 왼쪽 하단[3]부터 서서히 지구 그림자에 가려 어두워짐.
- 오후 7시 05분 : 달이 지구 그림자에 거의 가려 오른쪽 윗부분만 살짝 보임.
- 오후 7시 18분 : 가려진 달이 완전히 어두운 붉은색이 되어 보임. 달의 왼쪽 아래에 천왕성이 보임.
- 오후 7시 59분 : 천왕성이 서서히 달 뒤로 가까이 감.
- 오후 8시 23분 : 천왕성이 달에 완전히 가려짐.
- 오후 8시 40분 : 달의 한쪽이 밝아지기 시작하면서 개기 월식이 끝남.

4문단

4. 관찰 소감

실제로 월식이 일어나는 것을 보니 우주의 신비가 몸으로 느껴졌다. 또한 책에서만 보았던 태양계의 여러 행성과 위성과의 관계를 한눈에 본 것 같아 뿌듯한 마음이 들었다.

주목할 어휘

1 **관찰** | 사물이나 현상을 주의하여 자세히 살펴봄

2 **계기** | 어떤 일이 일어나거나 변화하도록 만드는 결정적인 원인

3 **하단** | 여러 단으로 된 것 중 아래의 단

어휘

3 다음 지시에 따라 어휘를 학습해 보세요.

'좀먹다'는 무슨 의미일까요?

(1) 월식은 달이 지구의 그림자에 가려져 어둡게 보이는 현상입니다.

(2) 왜 이런 현상을 월식이라고 부를까요?

(3) 그 이유를 다음 한자를 통해 추측해 설명하세요.

월		식	
月	달 **월**	蝕	좀먹을 **식**

읽기 후

이해 전략

4 관측한 내용을 시간에 따라 그림으로 그리세요.

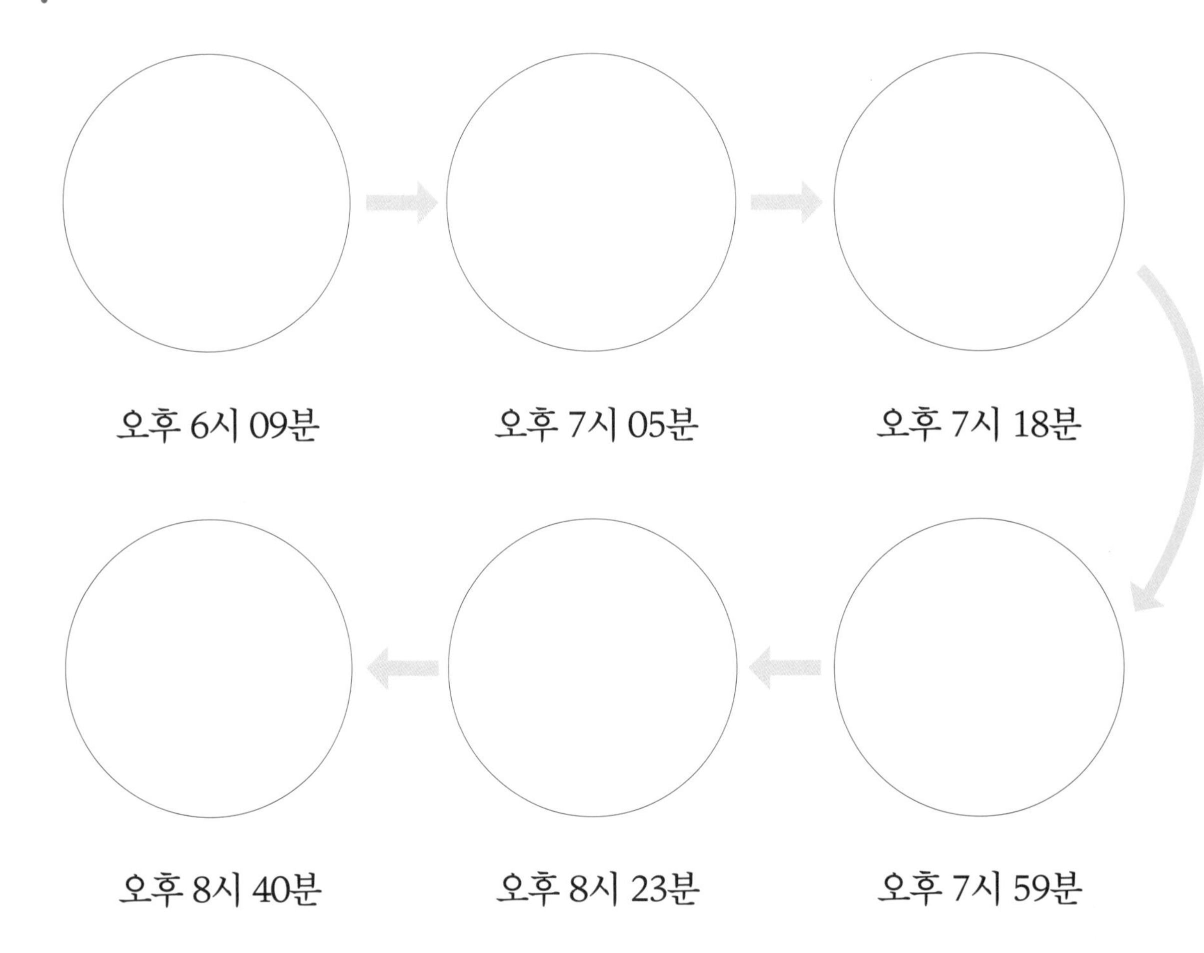

독해

5 각 문단의 주제와 그 내용을 선으로 연결하세요.

1문단 •	• 관찰 소감 •	• 어떻게 관찰할 것인지
2문단 •	• 관찰 계기 •	• 관찰해서 알게 된 것
3문단 •	• 관찰 내용 •	• 왜 관찰하게 되었는지
4문단 •	• 관찰 계획 •	• 관찰한 후의 느낌

질문

6 다음 지시에 따라 질문을 만들어 보세요.

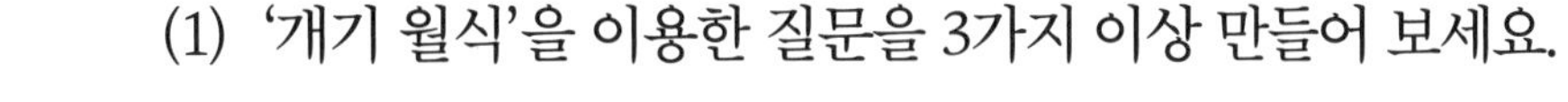

(1) '개기 월식'을 이용한 질문을 3가지 이상 만들어 보세요.

(2) 지문에 답이 있는 질문을 만들 수 있습니다.

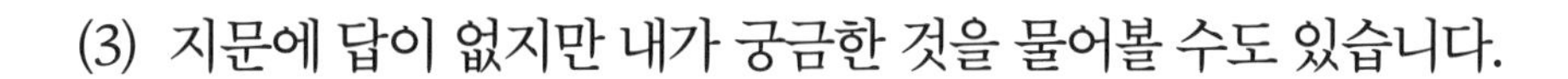

(3) 지문에 답이 없지만 내가 궁금한 것을 물어볼 수도 있습니다.

가족과 함께 질문 만들기 놀이를 해 보세요.

질문 1 개기 월식은 얼마나 자주 일어날까?

질문 2 개기 월식은 .... ?

질문 3 .... ?

질문 4 .... ?

질문 5 .... ?

37 사라진 직업과 새롭게 생겨난 직업

읽기 전
배경지식

1 여러분이 알고 있는 직업을 아래 칸에 쓰세요.

선생님				

읽기 중
질문

2 문단마다 하나의 문장을 골라 질문을 만드세요.

문단	문장		질문
1	직업은 시대의 흐름에 따라 사라지기도 하고 새로운 직업이 생겨나기도 해요.	➡	어떤 직업이 사라지고 어떤 직업이 새로 생겼을까?
2	버스 안내원은 버스에서 요금을 걷고, 출발과 정지를 알리는 일을 했어요.	➡	
3		➡	
4		➡	

지문

사라진 직업과 새롭게 생겨난 직업

1문단 돈을 벌기 위해 자신의 적성[1]과 능력에 따라 어떤 일을 지속적으로 하는 것을 직업이라고 합니다. 직업은 시대의 흐름에 따라 사라지기도 하고 새로운 직업이 생겨나기도 해요. 어떤 직업이 사라지고 어떤 직업이 새로 생겨났을까요?

2문단 조선 시대에는 사람들에게 책을 읽어 주던 전기수라는 직업이 있었어요. 요즘에는 모두 글을 읽을 수 있고 책도 쉽게 살 수 있어 전기수는 사라지게 되었습니다. 버스 안내원은 버스에서 요금을 걷고, 출발과 정지를 알리는 일을 했어요. 이제는 교통 카드 단말기와 벨이 생겨 더 이상 버스 안내원이 필요하지 않게 되었습니다.

3문단 과학, 기술의 발달로 사라진 직업도 있지만 새롭게 생겨난 직업도 있어요. 미디어 콘텐츠[2] 창작자는 유튜브와 같은 인터넷 방송에서 사람들이 보고 즐길 만한 콘텐츠를 만들어 제공해요. 사람들에게 재미있는 볼거리[3]를 제공한다는 점에서 현대판 전기수라고 할 수 있지요. 데이터 과학자는 인터넷에 있는 다양한 정보를 분석하여 이를 적절하게 활용할 수 있도록 만드는 일을 해요. 주로 기업이 앞으로 어떤 일을 어떻게 해야 할지를 알려 주는 역할을 하지요.

4문단 이처럼 직업은 영원하지 않아요. 한때 인기 있었던 직업이 영영 사라지기도 하고 예전에는 상상도 못했던 직업이 새로 생기기도 한답니다.

주목할 어휘
1 **적성** | 어떤 일에 알맞은 성질이나 적응 능력
2 **콘텐츠** | 인터넷에서 유통되는 각종 정보 및 내용물
3 **볼거리** | 사람들이 즐겁게 구경할 만한 물건이나 일

독해

중요한 개념과
이에 대한 설명을
구분해서 생각하는
훈련입니다.

3 다음 지시를 모두 읽은 후 하나씩 따라 하세요.

(1) 아래 글에서 직업이라는 단어를 찾아 □ 로 표시하세요.

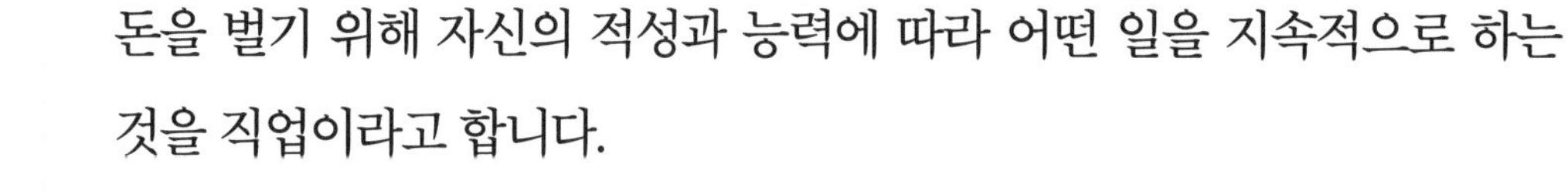
돈을 벌기 위해 자신의 적성과 능력에 따라 어떤 일을 지속적으로 하는 것을 직업이라고 합니다.

(2) 직업에 대한 설명에 밑줄을 그으세요.

(3) 직업이 무엇인지 생각하며 다시 읽어 보세요.

(4) 위의 글을 가린 후 직업이 무엇인지 설명해 보세요.

사고력

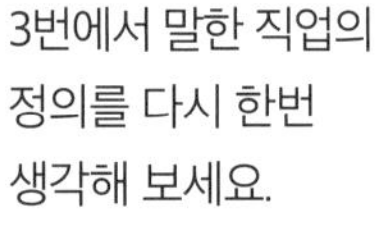
3번에서 말한 직업의
정의를 다시 한번
생각해 보세요.

4 다음 중 직업 활동이 아닌 것을 고르세요. (　　　　)

① 변호사가 주말마다 무료로 사람들을 도와준다.

② 사람들을 돕는 것이 좋아 사회복지사가 되었다.

③ 등산을 좋아하는 취미를 살려 산불 감시원으로 취직했다.

④ 바다가 좋아서 돈을 받고 사람들에게 서핑을 가르친다.

⑤ 기타를 좋아해 강의료를 받고 연주를 가르친다.

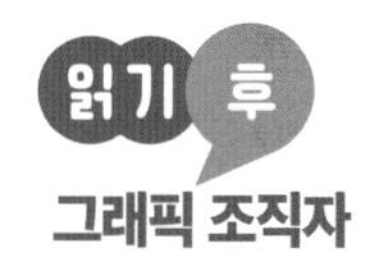

5 글에서 말한 사라진 직업과 새로 생겨난 직업을 아래 표에 정리하세요.

사라진 직업	새롭게 생겨난 직업

6 다음 지시를 모두 읽은 후 하나씩 따라 하세요.

(1) 스마트폰이나 컴퓨터를 켭니다.

(2) 사라진 직업을 검색합니다.

(3) 새롭게 생겨난 직업을 검색합니다.

(4) 각각 3개 이상 찾아 아래 칸에 쓰세요.

사라진 직업　　　　새로운 직업

친환경 농업이 떠오른다

유창성

1 다음 지시에 따라 나의 읽기를 평가해 보세요.

(1) 다음을 소리 내어 읽으세요.

평소처럼 읽으세요.

자연과 인간이 함께 살아갈 수 있는 생태계에 대한 관심이 커지면서, 친환경 농업은 점점 더 많은 인기를 끌 것으로 예상되고 있어요.

(2) 나의 읽기가 어땠는지 고르세요.

- ☐ 말하듯이 부드럽고 끊어짐 없이 자연스럽게 읽었다.
- ☐ 중간에 한 번 이상 멈칫거렸다.
- ☐ 읽는 소리가 어딘가 부자연스럽고 딱딱했다.
- ☐ 너무 빠르게 혹은 너무 느리게 읽었다.

(3) 부족한 점에 신경 쓰면서 다시 한번 읽으세요.

유창성

2 다음 지시에 따라 지문을 읽으세요.

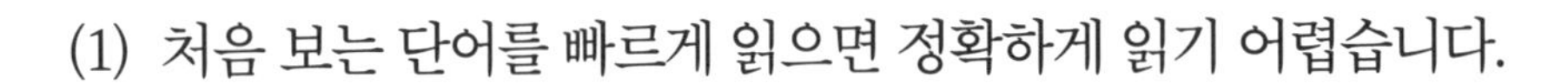

(1) 처음 보는 단어를 빠르게 읽으면 정확하게 읽기 어렵습니다.

(2) 이럴 때는 잠시 멈춰서 한 글자씩 천천히 읽어야 합니다.

(3) 지문을 읽다 처음 보는 단어가 나오면 ○표 하세요.

(4) 한 글자 한 글자 천천히 정확히 읽으세요.

입에 붙도록 2~3번 읽어 보면 더욱 좋습니다.

지문

친환경 농업이 떠오른다

1문단 최근 많은 농가에서 친환경[1] 농업을 시도하고 있어요. 친환경 농업은 농약이나 비료, 제초제 등의 화학물질을 사용하지 않는 농업을 뜻해요. 농약 대신 은행잎이나 마늘 등으로 만든 유기 농약을 쓰고 비료 대신 풀이나 짚을 썩힌 퇴비를 만들어 써요. 또 제초제 대신 오리나 우렁이 등으로 잡초를 없애고, 미생물을 이용해 전염병[2]을 예방하기도 하지요.

2문단 친환경 농업의 결과 사라졌던 곤충과 새들이 다시 나타났어요. 농약 부작용[3]으로 고생하던 농부들도 건강을 되찾았고요. 안전한 농산물을 찾는 사람이 늘어나면서 농부들의 소득은 늘었고 소비자는 안심하고 먹을 수 있는 먹거리를 구할 수 있게 되었지요. 친환경 농업 덕분에 환경도 좋아지고 농부와 소비자 모두 이득을 얻게 되었어요.

3문단 몇십 년 전에는 화학 비료와 농약 등을 쓸 수밖에 없었어요. 인구가 폭발적으로 늘어 많은 식량이 필요했기 때문이에요. 지금은 상황이 달라져서 친환경 농업이 많은 관심을 받고 있어요. 자연과 인간이 함께 살아갈 수 있는 생태계에 대한 관심이 커지면서, 친환경 농업은 점점 더 많은 인기를 끌 것으로 예상되고 있어요.

1 **친환경** | 자연환경을 오염하지 않고 자연 그대로 환경과 잘 어울리는 일
2 **전염병** | 남에게 옮아가는 성질을 가진 병
3 **부작용** | 어떤 일에 부수적으로 일어나는 바람직하지 못한 일

3 다음 지시에 따라 단어를 학습해 보세요.

(1) 다음은 모두 농사 농을 이용해 만들어진 단어입니다.

(2) 단어와 그 단어의 뜻으로 알맞은 것을 선으로 연결하세요.

		집 가		농가 •		• 농사를 짓는 일
농사 농	+	일 업	=	농업 •		• 농사일을 하는 사람의 집
		약 약		농약 •		• 농작물을 잘 자라게 도와주는 약품

4 다음 지시에 따라 필요한 정보를 찾아보세요.

(1) 친환경 농법은 기존에 사용되던 화학물질 대신 사용됩니다.

(2) 다음 친환경 농법은 무엇을 대신해 나왔는지 쓰세요.

(3) '무엇 대신에 무엇'이 사용되었다고 하는지 지문에서 찾아보세요.

	친환경 농법	화학 물질
1	은행잎이나 마늘 등으로 만든 유기 농약	농약
2	풀이나 짚을 썩힌 퇴비	
3	오리나 우렁이	

5 다음 지시에 따라 친환경 농업의 장점을 정리하세요.

(1) 친환경 농업의 장점이 설명된 문단을 찾으세요.

(2) 장점에 번호를 매기며 밑줄을 그으세요.

(3) 다음에 정리하세요

1.

2.

3.

4.

새로 지은 제목이
사람들의 관심을
끈다고 생각되나요?

6 다음 지시에 따라 이 글의 제목을 바꿔 보세요.

(1) 지문의 제목은 '친환경 농업이 떠오른다'입니다.

(2) 어떤 새로운 제목을 붙일 수 있을까요?

(3) 사람들이 관심을 가질 만한 제목 3가지를 지어 보세요.

•

39 한복, 한식, 한옥

읽기 전
그래픽 조직자

제목을 보고 항상 내가 무엇을 알고 있는지 또 무엇을 알고 싶은지 생각한 후 글을 읽는 습관을 들이세요.

1 한복, 한식, 한옥에 대해 알고 있는 것과 알고 싶은 것을 쓰세요.

내가 알고 있는 것	알고 싶은 것
• 한복은 우리나라의 전통 옷이다.	• 왜 요즘은 한복을 입지 않을까?
•	•

읽기 중
독해

단어를 문장에 넣어 본 후 자연스러운지 생각해 보세요.

2 다음 지시에 따라 빈칸을 채우며 지문을 읽으세요.

(1) 지문의 1문단에는 빈칸이 총 3개 있습니다.

(2) 빈칸에 들어갈 수 있는 단어를 다음 보기 중에서 고르세요.

> **보기**
> 순서대로 대표적인 평범하고 독특하고 비슷한 우리만의

(3) 찾은 단어를 쓰고 지문을 끝까지 읽으세요.

지문

한복, 한식, 한옥

1문단 오천 년 역사의 우리나라는 .... 고유한 문화를 갖고 있어요. 우리 고유문화를 담고 있는 .... 의식주[1]에는 한복, 한식, 한옥이 있어요. 이들은 모두 다른 나라에는 없는 매우 .... 훌륭한 문화입니다.

2문단 한복은 우리나라 옷으로 몸을 넉넉히 감싸 주고 곡선[2]이 아름다운 것이 특징이에요. 한복은 아름답지만 일상생활을 하기에 조금 불편한 점도 있어요. 그래서 요즘에는 명절, 결혼식 같은 특별한 날에만 입지요. 활동적인 현대 생활 속에서도 편히 입을 수 있도록 고쳐 만든 개량[3] 한복도 있어요.

3문단 한식은 우리나라 음식으로 그 종류와 조리법이 무척 다양해요. 밥과 국, 김치를 기본으로 하여, 나물, 고기, 생선 등 갖가지 반찬을 함께 먹어요. 고기와 밀을 주로 먹는 서양과 달리 쌀밥, 떡국, 송편 등 쌀을 재료로 한 것이 많아요. 또 음식을 하나씩 차례대로 먹는 서양 코스 요리와 달리 모든 음식을 한꺼번에 차려 놓고 먹는다는 특징도 있어요.

4문단 우리나라 집은 한옥이라고 불러요. 주로 나무와 흙으로 만들었어요. 양반들은 지붕에 기와를 얹은 기와집에, 평민들은 짚으로 지붕을 덮은 초가집에 주로 살았어요. 한옥은 아름답기도 하지만 온돌, 창호 등 과학적인 모습도 많답니다. 그래서 현대적인 건물에 한옥의 특징을 집어넣는 경우도 적지 않습니다.

주목할 어휘
1 **의식주** | 옷, 음식, 집을 통틀어 이르는 말
2 **곡선** | 모나지 않고 부드럽게 굽은 선
3 **개량** | 나쁜 점을 보완하여 더 좋게 고침

어휘

3 다음 지시에 따라 어휘를 학습해 보세요.

(1) 의식주는 한자어로 각각 다음의 뜻을 가지고 있습니다.

소리	의	식	주
뜻	옷	먹을	살
한자	衣	食	住

(2) 이들은 다른 글자와 만나 또 다른 뜻을 만들어 냅니다.

(3) 다음 보기 에서 한자를 골라 아래 표를 완성하세요.

보기

마실 음 백성 민 집 택 바깥 외 아래 하 주택 주민 음식 외식

한자 1	한자 2		한자어	뜻
윗 상	옷 의	→	상의	위에 입는 옷
	옷 의	→	하의	아래에 입는 옷
	먹을 식	→		먹고 마시는 것
	먹을 식	→		밖에서 음식을 사 먹는 일
살 주		→		일정 지역에 사는 사람
살 주		→		사람이 살 수 있게 지은 집

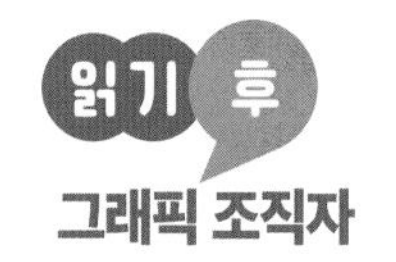

그래픽 조직자

4 지문을 읽고 알게 된 것과 더 알고 싶은 것을 정리하세요.

알게 된 것	더 알고 싶은 것
•	• 창호가 무엇인지 알고 싶다.

사고력

5 다음 문제에 알맞은 보기를 마음껏 만드세요.

바르게 설명한 것 3개와 틀리게 설명한 것 1개를 만들어 보세요.

지문을 읽고 바르게 설명한 것이 아닌 것을 하나 고르세요.

❶

❷

❸

❹

피아노는 어떻게 생겨났을까?

배경지식

1 다음 문장이 맞다고 생각하면 T, 틀렸다고 생각하면 F에 O표 하세요.

(1) 피아노는 1000년 전에 만들어졌다. (T F)

(2) 피아노는 처음 만들어진 건반 악기다. (T F)

(3) 피아노는 망치가 줄을 때려 소리를 낸다. (T F)

(4) 피아노는 크고 작은 소리를 자유롭게 낼 수 있다. (T F)

유창성

소리 내어 읽으면서 적절한 곳에 표시 하세요.

2 다음 지시에 따라 지문을 읽으세요.

(1) 글을 읽을 때는 중간중간 적절히 쉬어 가며 읽어야 합니다.

(2) 의미가 바뀌는 곳에서 쉬어 주면 됩니다.

(3) 의미가 연결되면 연결해서 읽고 의미가 바뀌면 쉽니다.

(4) 다음 예시를 살펴보세요.

> 아름다운 피아노 연주는 / 듣는 사람들의 마음까지 / 편안하게 해 줍니다.

(5) 1문단을 읽을 때 끊어 읽으면 좋을 곳에 /를 표시하면서 읽으세요.

지문

피아노는 어떻게 생겨났을까?

1문단 아름다운 피아노 연주는 듣는 사람들의 마음까지 편안하게 해 줍니다. ㉠이런 연주가 가능한 피아노는 아주 오래전에 생겼을 것 같지요? 하지만 사실 약 300년 전만 해도 피아노는 없었어요.

2문단 물론 어느 날 갑자기 피아노가 생겨난 건 아니에요. 하프시코드 같이 피아노와 닮은 건반 악기[1]들이 원래부터 있었지요. ㉡이런 건반 악기의 단점[2]을 하나씩 고치다 보니 지금의 피아노가 나오게 되었답니다.

3문단 피아노 이전[3]의 건반 악기들은 건반을 힘껏 눌러도 소리가 크게 나지 않았어요. 작곡가들은 다양한 감정을 나타낼 수 없어 불만이 많았어요. 이탈리아의 악기 장인 바르톨로메오 크리스토포리는 ㉢이 문제를 해결해 지금의 피아노를 만들어 냈어요. 크리스토포리는 소리를 내는 방법을 바꾸어 이 문제를 해결했어요.

4문단 원래 건반 악기는 깃털 같은 막대가 줄을 퉁겨서 소리를 냈어요. 당연히 큰 소리를 낼 수 없겠지요. 크리스토포리는 ㉣이를 망치가 줄을 때리도록 바꾸었어요. 그러자 건반을 누르는 세기에 따라 큰 소리부터 작은 소리까지 낼 수 있게 되었어요.

5문단 ㉤이러한 피아노를 많은 작곡가들이 좋아했어요. 작곡가들은 많은 피아노 연주곡들을 쓰기 시작했고 결국 지금처럼 유명한 악기가 되었답니다.

주목할 어휘

1 **건반 악기** | 피아노나 오르간처럼 손으로 누르는 면이 있는 악기

2 **단점** | 잘못되고 모자라는 점

3 **이전** | 기준이 되는 때보다 앞

독해

3 다음 중 ㉠이런과 ㉡이런의 뜻으로 바른 것을 고르세요.

위 단어를 ㉠과 ㉡ 대신에 넣어 읽어 보세요.

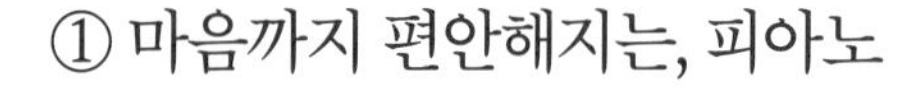

① 마음까지 편안해지는, 피아노

② 마음까지 편안해지는, 피아노와 닮은

③ 마음까지 편안해지는, 듣는 사람

④ 듣는 사람, 피아노

⑤ 듣는 사람, 피아노와 닮은

독해

4 다음을 읽고 알맞은 답을 고르세요.

이러한 지시어를 정확히 파악해야 글을 정확히 이해할 수 있습니다.

(1) ㉢이 문제가 뜻하는 것으로 올바른 것을 고르세요.

① 300년 전까지 피아노가 없던 문제

② 하프시코드 같은 건반 악기들이 있던 문제

③ 건반을 힘껏 눌러도 소리가 크게 나지 않은 문제

(2) ㉣이를이 뜻하는 것으로 올바른 것을 고르세요.

① 깃털 같은 막대가 줄을 퉁겨서 소리를 내는 것

② 유명한 악기가 된 것

③ 큰 소리를 낼 수 없는 것

읽기 후 독해

5 5문단의 ⓜ 이러한이 의미하는 것을 쓰세요.

읽기 후 쓰기

6 다음 지시에 따라 피아노를 광고하는 글을 쓰세요.

(1) 여러분은 피아노를 처음 만든 바르톨로메오 크리스토포리입니다.

(2) 피아노를 작곡가들에게 팔려고 합니다.

(3) 작곡가들이 피아노를 사고 싶은 마음이 들도록 광고 글을 쓰세요.

41 녹아 없어지는 플라스틱

배경지식

플라스틱의 공통점을 생각해 보세요.

1 다음을 읽고 플라스틱으로 만든 물건을 주변에서 찾아보세요.

(1) 다음은 플라스틱으로 만든 물건입니다.

볼펜, TV 리모컨, 선풍기 날개, 1회용 수저

(2) 다음은 플라스틱이 아닙니다.

철과 같은 금속, 나무, 흙이나 돌 같은 광물, 유리, 동물의 가죽

(3) 주변에서 플라스틱으로 만든 물건을 찾아 쓰세요.

어휘

단어가 사용된 문장과 연결하여 의미를 생각해 보세요.

2 다음 지시에 따라 단어를 학습해 보세요.

(1) 지문 속 단어 중 일부에는 **1**, **2**, **3**처럼 숫자가 적혀 있는 경우가 있습니다.

(2) 이 단어들은 조금 어려운 단어입니다.

(3) 이 단어의 뜻은 지문 아래 **주목할 어휘** 에 적혀 있습니다.

(4) 단어의 뜻을 소리 내어 읽은 후 그 의미를 설명하세요.

(5) 이 단어가 사용된 문장의 의미를 설명하세요.

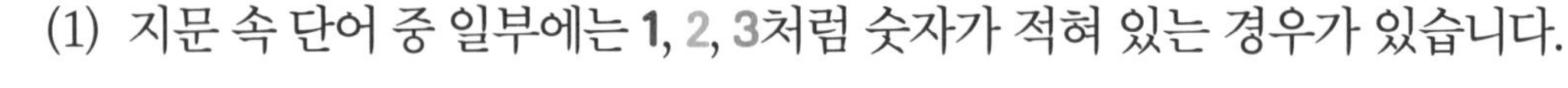

지문

녹아 없어지는 플라스틱

1문단 플라스틱은 우리 생활에서 정말 많이 사용돼요. 어떤 모양으로도 만들 수 있고 단단한데다 값도 싸기 때문입니다. 하지만 플라스틱은 썩지 않아 심각한 환경 문제를 일으키기도 해요. 그래서 사람들은 바이오 플라스틱을 만들려고 많은 노력을 기울이고 있어요.

2문단 바이오 플라스틱은 썩지 않는 플라스틱의 단점을 보완[1]하기 위해 나왔어요. 겉보기엔 플라스틱과 비슷하지만 시간이 지나면 다른 물질처럼 미생물[2]에 의해 썩어 없어진답니다. 옥수수 전분, 게 껍질, 사탕수수, 콩 등으로 만들어진 덕분이지요.

3문단 바이오 플라스틱으로 만들어진 대표적인 물건에는 상처를 꿰맬 때 쓰는 실이 있어요. 옛날에는 상처를 꿰맨 뒤 아물면 실을 따로 제거[3]해야 했어요. 하지만 이 실을 쓰면 몸속에서 서서히 녹아 버려 따로 제거할 필요가 없답니다. 일회용 포장 용기나 플라스틱 봉투도 모두 대체되면 좋겠지만 그 속도가 느려요. 일반 플라스틱보다 비싸고 약하기 때문이에요.

4문단 하지만 환경은 돈보다 더 소중한 것이에요. 조금 더 비용이 들더라도 바이오 플라스틱을 사용하도록 해야겠어요. 기업에서는 더 싸고 더 튼튼한 바이오 플라스틱을 만들고 정부에서는 이를 널리 사용하도록 해야 합니다.

주목할 어휘

1 **보완** | 모자라거나 부족한 것을 보충하여 완전하게 함

2 **미생물** | 눈으로 볼 수 없는 아주 작은 생물

3 **제거** | 없애 버림

어휘

3 다음 지시에 따라 한자의 뜻을 짐작해 보세요.

(1) 미생물은 '눈으로 볼 수 없는 아주 작은 살아 있는 물체'라는 뜻입니다.

(2) 다음 중 미생물의 '미'와 '생물'의 의미가 바르게 연결된 것을 고르세요.

	미	생물
❶	눈	아주 작은
❷	보는	살아 있는
❸	아주	물체
❹	작은	살아 있는 물체
❺	살아 있는	물체

독해

4 다음 중 글에 대해 잘못 이해한 것은 무엇인가요? (   )

각 보기가 설명된 부분을 찾아보세요.

① 플라스틱은 잘 썩지 않아 환경 문제를 일으키고 있다.

② 바이오 플라스틱은 시간이 지나면 썩는다.

③ 상처를 꿰매는 실은 플라스틱으로 만드는 것이 더 좋다.

④ 바이오 플라스틱에도 단점이 있다.

⑤ 바이오 플라스틱을 더 많이 사용해야 한다.

구조화

5 이 글에서 사용된 방식 중 가장 중요한 것을 고르세요. (   )

① 원인과 결과 - 플라스틱이 환경을 파괴하는 원인을 설명한다.

② 순서와 차례 - 바이오 플라스틱을 만드는 방법을 순서대로 설명한다.

③ 문제와 해결 - 환경 파괴를 해결할 방법을 제시한다.

④ 대상과 설명 - 바이오 플라스틱을 사용해야 하는 이유를 설명한다.

⑤ 비교와 대조 - 플라스틱과 바이오 플라스틱의 공통점을 설명한다.

쓰기

6 다음 사진을 참고하여 바이오 플라스틱 사용을 권하는 글을 쓰세요.

백성을 사랑한 세종 대왕

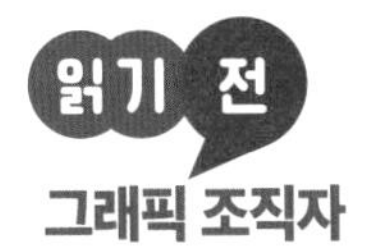

그래픽 조직자

1 세종 대왕에 대해 내가 알고 있는 것과 알고 싶은 것을 쓰세요.

내가 알고 있는 것	알고 싶은 것
• 조선의 왕이다	• 세종 대왕의 원래 이름

읽기 중

이해 전략

이해하지 못한 채 기계적으로 읽고 넘어가는 버릇을 고쳐야 합니다.

2 다음 지시를 먼저 모두 읽은 후 하나씩 따라 하세요.

(1) 다음 페이지의 지문을 읽습니다.

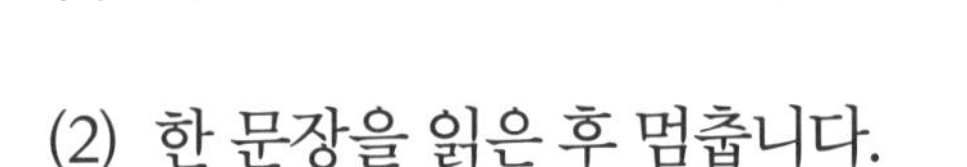

(2) 한 문장을 읽은 후 멈춥니다.

(3) 방금 읽은 문장을 이해했는지 생각해 봅니다.

(4) 이해하지 못했다면 다시 읽어 봅니다.

(5) 이해했다면 다음 문장으로 넘어갑니다.

(6) 이런 방법으로 끝까지 읽습니다.

지문

백성을 사랑한 세종 대왕

1문단 우리나라 역사에 훌륭한 인물은 매우 많다. 하지만 그중에서 한국인에게 가장 존경받는 인물은 세종 대왕이다. 세종 대왕이 백성[1]들의 어려움을 해결하는 여러 업적을 남겼기 때문이다. 과연 세종 대왕은 어떠한 업적을 남겼을까?

2문단 첫째, 한글을 만들었다. 그전까지 우리나라는 중국 문자인 한자를 썼기 때문에 백성 대부분이 글을 읽고 쓰지 못했다. 양반[2]들만 한자를 쓸 수 있어, 글을 못 읽는 백성들은 피해와 차별[3]을 겪을 수밖에 없었다. 세종 대왕은 그런 백성들을 위해 누구나 쉽게 배우고 쓸 수 있는 한글을 만들었다. 우리 글자로 우리말을 쓰게 됨으로써, 더 이상 한자와 중국 문화에 의존하지 않고 우리 문화를 더욱 발전시킬 수 있게 되었다.

3문단 둘째, 과학기술을 발달시켰다. 물시계, 별시계, 해시계 등 여러 가지 시계를 만들어 시간을 정확히 잴 수 있게 하였다. 또한 비의 양을 재는 측우기, 강물의 양을 재는 수표, 바람의 방향을 살피는 풍향계 등을 만들어 날씨를 정확히 파악하도록 했다. 이런 발명품들은 일상생활은 물론 농사일에 큰 도움이 되었다.

4문단 이 밖에도 세종 대왕은 음악, 미술, 법률 등 다양한 분야에 많은 영향을 끼쳤다. 이 모든 것을 가능하게 했던 이유는 모두 세종 대왕이 백성을 지극히 사랑했기 때문이다. 세종 대왕이 우리에게 가장 사랑받는 위인이 된 데에는 바로 이런 이유가 있을 것이다.

1 **백성** | 옛날에 나라의 국민을 부르던 이름
2 **양반** | 고려, 조선 시대에 일반 백성보다 지위가 높았던 사람들
3 **차별** | 둘 이상의 대상을 서로 다르게 대함

독해

3 방금 읽은 지문에서 어떤 내용이 기억나나요? 글을 보지 않고 기억나는 내용을 몇 가지 쓰세요.

- 세종 대왕은 한국인에게 가장 사랑받은 왕이다.

읽기 후

이해 전략

4 지문을 다시 한번 읽습니다. 새롭게 기억나는 내용을 쓰세요.

-

질문

5 세종 대왕에 대해 더 알고 싶은 것에는 무엇이 있나요? 지문을 읽으면서 들었던 나만의 질문을 쓰세요.

이 질문은 어떻게 답을 찾을 수 있을까요?

• 세종 대왕은 음악에 어떤 업적을 남겼을까?

쓰기

6 다음 지시를 모두 읽은 후 하나씩 따라 하세요.

(1) 다음 한자를 읽고 따라 써 보세요.

코끼리 상

나라 국

품을 회

흐릴 담

(2) 만약 세종 대왕이 한글을 만들지 않았다면 우리는 어떤 일을 겪게 되었을지 글을 쓰세요.

만약 세종 대왕이 한글을 만들지 않았다면

43 제로 음료, 먹어도 될까?

배경지식

맛이 있고 없고 보다는 건강에 좋고 나쁨으로 평가하세요.

1 다음 지시에 따라 여러분이 좋아하는 음식을 평가해 보세요.

(1) 여러분이 좋아하는 음식을 아래 분홍색 칸에 쓰세요.

(2) 그 음식이 건강에 좋은지 나쁜지를 다음 5단계로 평가해 보세요.

아주 나쁨	나쁨	보통	좋음	아주 좋음

탕후루			
아주 나쁨			

이해 전략

문단의 첫 문장이 문단 전체를 대표하는 경우가 많습니다.

2 다음 지시에 따라 지문을 읽으세요.

(1) 글을 읽기 전에 간단히 살펴보겠습니다.

(2) 각 문단의 첫 번째 문장만 읽으세요.

(3) 이를 바탕으로 글이 어떤 내용일지 생각해 보세요.

(4) 그 생각을 참고하면서 글을 읽으세요.

지문

제로 음료, 먹어도 될까?

1문단 햄버거나 피자 같은 음식을 먹을 때 콜라나 사이다 같은 음료를 찾는 사람들이 많습니다. 그런데 이런 음료에는 생각보다 매우 많은 양의 설탕이 들어 있어요. 시원한 맛에 자주 마시다 보면 어느새 살이 찌게 됩니다. 이런 걱정을 하는 사람이 늘어나자 요즘에는 설탕이 전혀 들어 있지 않다는 제로 음료가 인기를 끌고 있어요.

2문단 하지만 세계 보건 기구 WHO에서는 최근 제로 음료들이 안전하지 않을 수 있다며 경고하고 있어요. 제로 음료에는 설탕 대신 단맛을 내는 아스파탐, 사카린, 스테비아 등의 비설탕 감미료[1]가 들어가 있어요. 문제는 비설탕 감미료가 살을 빼는 데 도움이 되지 않고, 우리 몸속의 좋은 미생물을 줄어들게 한다는 거예요. 그 결과 당뇨병이나 심장 및 혈관 질환[2]을 더 많이 일으키기도 하고, 살찔 걱정 없이 단맛을 계속 좋아하게 해서 장기적[3]으로는 건강을 해친다는 의견이 나왔지요.

3문단 하지만 이런 사실은 우리에게 잘 알려지지 않고 있습니다. TV 광고를 통해 제로 음료를 계속해서 접하고 있을 뿐이지요. 판매를 목적으로 하는 광고를 접할 때는 주의할 필요가 있습니다. 중요한 정보가 빠지지는 않았는지 살피고 정말 우리에게 좋은 상품인지 확인하려는 자세를 가져야 합니다.

1 **비설탕 감미료** | 설탕이 들어가지 않고도 단맛을 내는 재료
2 **질환** | 몸의 온갖 병
3 **장기적** | 오랜 기간에 걸치는 것

독해

3 다음 지시에 따라 제로 음료의 의미를 찾아보세요.

글에 나온 설명에 여러분의 설명을 덧붙여 써 보세요.

(1) 이 글에서 반복되어 나오는 단어는 '제로 음료'입니다.

(2) 제로 음료는 무엇입니까?

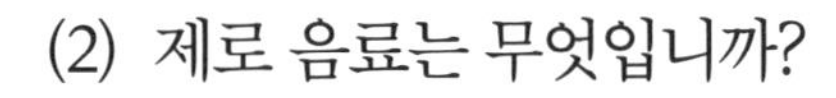

(3) 제로 음료에 대한 설명을 지문에서 찾아 밑줄을 그으세요.

(4) 제로 음료가 무엇인지 아래에 쓰세요.

....

....

이해 전략

4 디음 지시에 따라 1문단에서 가장 중요한 문장을 찾아보세요.

(1) 각 문단에는 가장 중요한 핵심 문장이 하나 있습니다.

(2) 핵심 문장은 다른 내용을 대표하거나 다음 내용에 큰 영향을 끼칩니다.

(3) 1문단에서 가장 중요한 핵심 문장은 다음 중 무엇인가요? (   )

① 햄버거나 피자 같은 음식을 먹을 때 콜라나 사이다 같은 음료를 찾는 사람들이 많습니다.

② 그런데 이런 음료에는 생각보다 매우 많은 양의 설탕이 들어 있어요.

③ 시원한 맛에 자주 마시다 보면 어느새 살이 찌게 됩니다.

④ 이런 걱정을 하는 사람이 늘어나자 요즘에는 설탕이 전혀 들어 있지 않다는 제로 음료가 인기를 끌고 있어요.

독해

5 2문단을 다시 읽고 비설탕 감미료에 대한 다음 설명을 완성하세요.

(1) .... 대신 단맛을 낸다.

(2) 아스파탐, ..., ... 등이 있다.

(3) 살을 빼는 데 ....

(4) 우리 몸속의 ....

(5) .... 질환을 더 많이 일으킨다.

(6) .... 장기적으로 건강을 해친다.

읽기 후

사고력

6 다음 지시에 따라 내가 본 광고를 평가해 보세요.

광고는 장점만을 소개합니다. 보이지 않는 단점에 대해 스스로 생각해 보세요.

(1) 기억에 남는 광고 1편을 떠올려 보세요.

(2) 그 광고에서는 무엇을 주장하고 있나요?

....

....

(3) 그 광고가 제품에 대해 말하고 있지 않은 문제에는 무엇이 있을까요?

....

....

세금 내는 나무

어휘

뜻을 아는 단어가 있다면 그 단어를 이용하여 문장을 만들어 보세요.

1 다음 지시에 따라 단어를 살펴보세요.

(1) 다음은 글에 나오는 어려운 단어입니다.

(2) 단어의 뜻을 알면 ○, 모르면 X로 표시하세요.

(3) 모르지만 알 것 같으면 △로 표시하세요.

지방 단체	세금	재산
천연기념물	지정	관리
둘레	수호	등록
모범	납세	후손

어휘

단어가 어떤 의미로 쓰인 것 같은지 생각하며 읽으세요.

2 다음 지시에 따라 지문을 읽으세요.

(1) 연필을 들고 지문을 읽습니다.

(2) 위에서 나온 단어를 발견하면 ○를 표시합니다.

(3) 그 뜻을 알 것 같으면 +를 표시합니다.

(4) 그 뜻을 모르겠으면 -를 표시합니다.

지문

세금 내는 나무

1문단 나라나 지방자치단체[1]를 운영하는 데는 반드시 돈이 필요하다. 이런 돈은 국민으로부터 거두어들이게 되는데 이것이 바로 세금이다. 재산을 갖고 있거나 돈을 버는 사람이라면 누구나 세금을 내야 한다. 그런데 놀랍게도 사람이 아니라 나무가 세금을 내는 경우가 있다. 바로 황목근이다.

2문단 이름도 사람 같은 황목근은 경상북도 예천군 금남리에 있는 500살 된 팽나무다. 마을 사람들이 이름을 지어 주었는데, 5월이면 노란 꽃을 피운다 하여 성은 황, 근본 있는 나무라는 뜻으로 이름은 목근이다. 황목근은 키가 15m, 둘레가 3.2m에 이르는 큰 나무로, 1998년에 천연기념물[2] 제400호로 지정되어 관리되고 있다.

3문단 마을 사람들은 예로부터 황목근을 마을의 수호 나무로 여겨 무척 아끼며 돌보았다. 그러다가 1939년에 마을의 공동 재산인 땅을 황목근 앞으로 등록했다. 약 3,700평(12,323㎡)이나 되는 땅을 가졌으니, 국내 가장 많은 땅을 가진 부자 나무다. 땅을 갖고 있으면 세금을 내야 하니, 나무라도 세금을 낸다. 황목근은 한 번도 세금을 거른 적 없는 모범 납세 나무다.

4문단 황목근 옆에는 좀 더 작고 젊은 팽나무가 있는데, 그 이름은 황만수다. 만 살까지 오래 살라는 뜻으로 역시 마을 사람들이 지었다. 원래 황목근 아래 자라고 있었으나 2002년에 지금 자리로 옮겨 심었다. 황목근은 세금도 내고 후손[3]도 둔 복 많은 나무다.

주목할 어휘

1 **지방자치단체** | 국가의 일정 지역을 책임지고 운영하는 단체

2 **천연기념물** | 법으로 보호하는 자연물

3 **후손** | 조상의 반대말로 자신보다 아래 세대의 자손

어휘

글에서 단어가 나온 부분에 대신 넣어 읽어 보세요.

3 다음 뜻에 맞는 단어를 보기 에서 찾아 쓰세요.

보기

지정 납세 둘레 세금 모범 수호

단어	뜻
	본받아 배울 만한 대상
	나라나 지방자치단체 운영을 위해 국민이 내는 돈
	세금을 냄
	사물의 테두리나 바깥 언저리
	가리키어 확실하게 정함
	지키고 보호함

독해

지문에서 같은 내용을 찾으면 보기 옆에 ○표 하세요.

4 다음 설명 중 바르지 않은 것을 고르세요. (　　　)

① 황목근은 세금을 내는 나무다.

② 황목근은 땅을 가지고 있다.

③ 황만수 역시 세금을 낸다.

④ 황목근은 5월이면 노란 꽃을 피운다.

⑤ 황목근은 천연기념물로 지정되었다.

5 다음 중 1문단의 중심 문장은 무엇일까요? (   )

글 전체 내용을 이끌어 내는 문장을 찾아보세요.

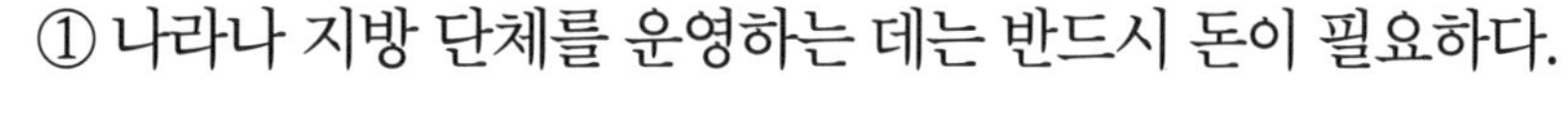

① 나라나 지방 단체를 운영하는 데는 반드시 돈이 필요하다.

② 이런 돈은 국민으로부터 거두어들이게 되는데 이것이 바로 세금이다.

③ 재산을 갖고 있거나 돈을 버는 사람이라면 누구나 세금을 내야 한다.

④ 그런데 놀랍게도 사람이 아니라 나무가 세금을 내는 경우가 있다.

⑤ 바로 황목근이다.

6 다음 지시에 따라 황목근에 대해 정보를 찾아보세요.

(1) 인터넷에서 '황목근'으로 검색해 보세요.

(2) 황목근에 대한 글을 읽으세요.

(3) 글을 읽고 새롭게 알게 된 내용을 설명하고 쓰세요.

도자기 공방에 다녀왔어요

1 다음 지시에 따라 내가 다녀온 체험 학습을 떠올려 보세요.

(1) 오늘 읽을 글은 체험 학습 보고서입니다.

(2) 나는 체험 학습으로 어디를 다녀온 기억이 있나요?

(3) 내가 다녀왔던 체험 학습에 대해 간단히 쓰세요.

장소

한 일

느낌

2 다음 지시에 따라 지문을 읽으세요.

(1) 마음이 급한 친구는 글을 너무 빨리 읽습니다.

(2) 혹은 다른 생각을 하다 읽어야 하는 부분을 놓치기도 합니다.

(3) 이럴 때는 손으로 짚으면서 읽으면 좋습니다.

(4) 읽기를 시작할 부분에 검지손가락을 올리세요.

(5) 검지손가락이 나아가면서 따라 읽으세요.

(6) 나의 눈이 짚은 부분에서 벗어나지 않게 합니다.

지문

도자기 공방에 다녀왔어요

1문단 **날짜:** 2024년 10월 15일

장소: 별별 도자기 공방[1]

2문단 **동기:** 텔레비전에서 엄마와 아이가 함께 도자기 굽는 모습을 보았다. 나도 직접 예쁜 그릇을 만들어 보고 싶어서 여기저기 알아보다가 별별 도자기 공방을 알게 되었다. 여기서는 도자기 구경도 하고, 직접 도자기를 만들어 볼 수도 있었다. 나도 공방에서 작은 컵을 직접 만들어 보기로 했다.

3문단 **체험**

1. 도자기를 만들 때 쓰이는 여러 가지 도구를 보았다. 흙을 떼내는 도구, 자르거나 파내는 도구, 흙을 돌리는 판, 가마 등이 있었다.
2. 흙을 받아 손바닥으로 누르고, 때리고, 굴려 동글동글한 반죽[2]을 만들었다. 공기 방울이 생기지 않도록 주의해야 한다는 말에 오래오래 반죽을 주물렀다.
3. 선생님의 도움 없이 나 혼자 반죽에 구멍을 내고 주무르고 만져서 원하는 모양의 컵을 만들었다.
4. 가마[3] 뚜껑을 열고, 내가 만든 그릇을 선생님과 함께 가마에 조심스럽게 넣었다. 가마 안에는 다른 어린이들이 만든 그릇들도 들어 있었다.

4문단 **느낀 점:** 흙을 반죽할 때 공기 방울이 생기면, 나중에 깨지거나 터진다는 말을 듣고 무엇이든지 기초가 중요하다고 생각했다. 내 손으로 예쁜 도자기를 만들 수 있어서 기뻤다.

주목할 어휘

1 **공방** | 공예품 따위를 만드는 곳

2 **반죽** | 가루에 물을 부어 이겨 갠 것

3 **가마** | 도자기를 구워 내는 시설

어휘

3 다음 지시에 따라 어휘를 학습해 보세요.

생활에서 여러분이 한 행동의 동기를 생각해 보세요.

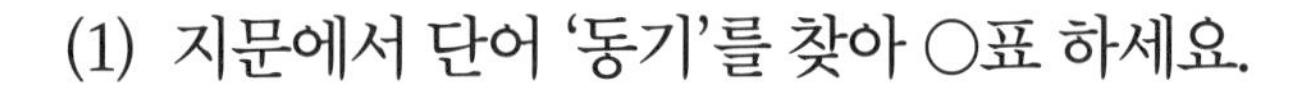

(1) 지문에서 단어 '동기'를 찾아 ○표 하세요.

(2) 동기는 어떤 일이나 행동을 일으키게 하는 계기를 뜻합니다.

(3) 다음에서 한 일을 그에 알맞은 동기와 연결하세요.

한 일			동기
라면을 끓였다.	•	•	목이 말랐다.
병원에 갔다.	•	•	배가 고팠다.
물을 마셨다.	•	•	감기에 걸렸다.

독해

4 체험 과정을 그림으로 그렸습니다. 순서에 맞게 나열한 것을 고르세요.

(　　　)

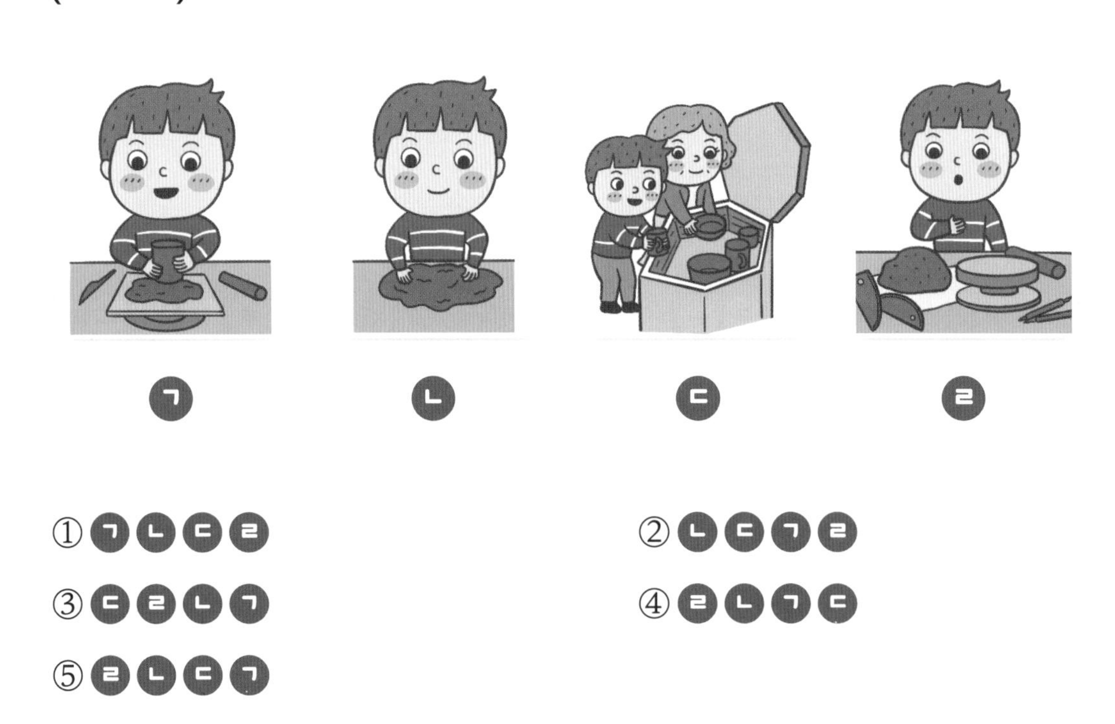

① ㄱㄴㄷㄹ
② ㄴㄷㄱㄹ
③ ㄷㄹㄴㄱ
④ ㄹㄴㄱㄷ
⑤ ㄹㄴㄷㄱ

읽기 후

독해

글을 읽고 이처럼
내용을 스스로
정리해 보세요.

5 다음 질문에 대한 답을 지문에서 찾아 밑줄 긋고 아래에 쓰세요.

(1) 도자기 공방 체험을 한 이유

(2) 내가 본 도자기를 만들 때 쓰이는 도구

(3) 반죽을 오랫동안 주무른 이유

쓰기

6 다음 지시를 모두 읽은 후 하나씩 따라 하세요.

(1) 여러분은 별별 도자기 공방 사장님입니다.

(2) 아이들에게 도자기 체험을 하러 오라는 광고 글을 써 보세요.

(3) 지문을 참고하여 오고 싶은 마음이 들도록 해야 합니다.

별별 도자기 공방으로 오세요.

미세 먼지가 뭐길래?

1 다음 지시를 모두 읽은 후 하나씩 따라 하세요.

(1) 다음 페이지의 지문을 간단히 살펴봅니다.

(2) 천천히 읽는 것이 아니라 그냥 구경하듯 봅니다.

(3) 아래 그림처럼 빠르게 스치듯 지나가며 살펴봅니다.

(4) 어떤 단어나 내용이 눈에 들어왔는지 쓰세요.

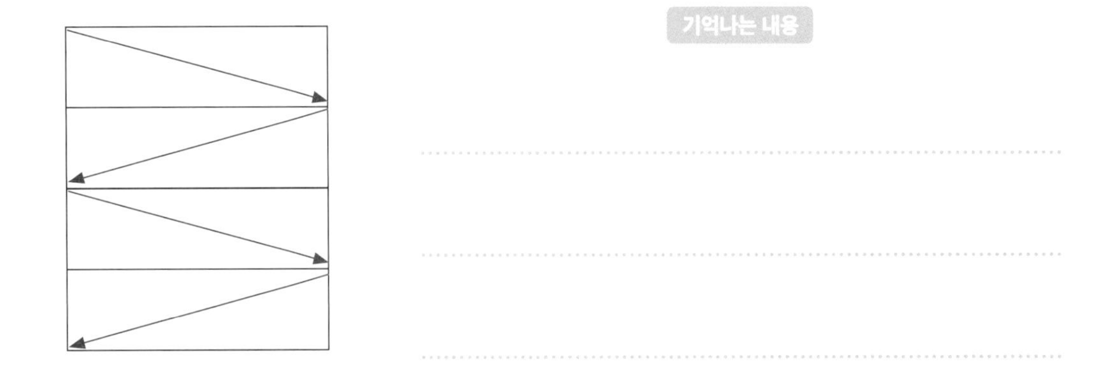

2 다음 지시를 모두 읽은 후 하나씩 따라 하세요.

(1) 다음 페이지의 지문을 읽습니다.

(2) 읽을 때 나의 생각을 소리 내어 말합니다.

(3) 예를 들어 다음처럼 하세요.

- 이해가 안 될 때: “이게 무슨 뜻이지?”
- 읽는 법을 모를 때: “이건 어떻게 읽어야 해?”
- 새로운 것을 알았을 때: “아, 그래서 이것은 이런 뜻이구나!”

지문

미세 먼지가 뭐길래?

1문단 오늘의 미세 먼지는 어땠나요? 좋음, 보통, 나쁨, 매우 나쁨. 이 중 무엇에 해당하나요? 미세 먼지가 무엇이길래 어른들은 미세 먼지 신호등까지 만들어서 우리에게 이를 알려 주고 있을까요?

2문단 미세 먼지란 입자[1]의 크기가 10㎛의 아주 작은 먼지를 말해요. 여기서 ㎛은 마이크로미터라고 읽는데 1㎛가 1,000,000개 모이면 1m가 될 정도로 작은 크기지요. 2.5㎛보다 더 작은 먼지는 미세 먼지보다 더 작아서 초미세 먼지라고 불러요. 머리카락의 지름이 대략 50~70㎛인 걸 생각하면 얼마나 작은 먼지인지 짐작할 수 있지요.

3문단 미세 먼지는 주로 자동차가 많이 다니는 도로변, 공장 단지 주변, 심지어는 담배 연기나 난로 주변에서도 생겨요. 또 멀리 있는 중국의 미세 먼지가 바람을 타고 우리나라까지 오기도 해요. 미세 먼지가 고체[2]임에도 중국에서 여기까지 날아올 수 있는 이유는 역시 너무나 작고 가볍기 때문이에요.

4문단 문제는 미세 먼지가 유해 금속이나 질산염 등 우리 몸에 좋지 않은 성분[3]으로 이루어져 있다는 거예요. 미세 먼지는 일단 우리 몸으로 들어와 코와 폐를 거쳐 혈관을 따라 온몸을 누비면 우리 몸을 아프게 해요. 그러니 미세 먼지가 있는 날에는 마스크 착용을 잊지 말아야 해요.

주목할 어휘

1 **입자** | 물질을 구성하는 미세한 크기의 물체
2 **고체** | 나무, 가방, 얼음처럼 일정한 모양과 부피가 있으며 쉽게 변하지 않는 물질의 상태
3 **성분** | 어떤 물질을 이루는 한 부분

어휘

3 다음 지시를 모두 읽은 후 하나씩 따라 하세요.

'초'가 들어간 다른 단어도 찾아보세요.

(1) 미세 먼지는 아주 작은 먼지라는 뜻입니다.

(2) 초(超)는 뛰어넘는다는 뜻을 가지고 있습니다.

(3) 그래서 초미세 먼지는 미세 먼지보다 더 작은, 매우 작은 먼지라는 뜻입니다.

(4) 다음 단어에 초(超)를 붙이면 어떤 뜻이 되는지 쓰세요.

대형	큰 크기	→	초대형	매우 큰 크기
고속	빠른 속도	→	초고속	
고층	높은 층	→	초고층	

독해

4 다음 지시를 모두 읽은 후 하나씩 따라 하세요.

(1) 다음 글에서 ㎛을 읽는 방법을 [ ] 로 표시하세요.

(2) ㎛을 바르게 소리 내어 다음 글을 읽으세요.

미세 먼지란 입자의 크기가 10㎛의 아주 작은 먼지를 말해요. 여기서 ㎛은 마이크로미터라고 읽는데 1㎛가 1,000,000개 모이면 1m가 될 정도로 작은 크기지요. 2.5㎛보다 더 작은 먼지는 미세 먼지보다 더 작아서 초미세 먼지라고 불러요. 머리카락의 지름이 대략 50~70㎛인 걸 생각하면 얼마나 작은 먼지인지 짐작할 수 있지요.

숫자 사이의 '~'은 '에서'라고 읽으면 됩니다.

(3) 다음을 어떻게 읽으면 되는지 한글로 쓰세요.

- **10㎛:** ....
- **2.5㎛:** ....
- **50~70㎛:** ....

읽기 후
독해

5 다음 중 지문에서 말한 미세 먼지가 발생하는 곳이 아닌 곳을 고르세요. (　　　)

① 중국　　② 식당
③ 담배 연기　　④ 공장 단지 주변
⑤ 자동차가 많이 다니는 도로변

읽기 후
쓰기

6 다음 지시를 모두 읽은 후 하나씩 따라 하세요.

(1) 미세 먼지에 대해 무엇을 알게 되었는지 쓰세요.

....

(2) 노트에 배운 것을 정리한다고 생각하고 쓰세요.

47 아이들은 갈 수 없는 공간

어휘

1 다음 단어를 2개 이상 연결해 새로운 단어를 여러 개 만들어 보세요.

스트라이크	노	폰	카페
키즈	포토	재팬	존

이해 전략

2 다음 지시에 따라 읽은 내용을 정리하세요.

자꾸 스스로 설명하는 연습을 하세요.

(1) 긴 글은 끝까지 한 번에 읽으면 내용이 잘 기억나지 않을 수 있습니다.

(2) 이럴 때는 문단마다 어떤 내용이었는지 정리하며 읽으면 좋습니다.

(3) 한 문단을 마칠 때마다 읽은 내용을 설명합니다.

(4) 전체를 다 읽은 후 다시 한번 내용을 설명합니다.

지문

아이들은 갈 수 없는 공간

1문단 어린이들이 들어갈 수 없는 공간[1]을 뜻하는 '노키즈존'이 늘어나고 있어요. 예를 들어 노키즈존 카페에는 어른만 입장이 가능하고 아이들은 들어갈 수가 없답니다. 이에 대해 사람들은 다양한 의견을 내놓고 있습니다.

2문단 노키즈존을 찬성하는 사람들은 다른 사람들에게 불편을 끼치는 어린이들이 많다는 점을 이유로 들어요. 시끄럽게 떠들거나 뛰어다니면서 다른 사람들에게 피해를 끼친다는 거예요. 컵을 깨뜨리거나 뜨거운 음식에 데이는 등의 사고로 이어질 수 있다고도 말합니다.

3문단 노키즈존을 반대하는 사람들도 있어요. 이들은 모든 어린이가 공중도덕을 어기는 것도 아닌데, 어린이라는 이유만으로 출입을 금지하는 건 차별이라고 주장[2]합니다. 또한 나이를 이유로 차별한다면 다른 이유로 차별하는 것도 가능해져 점점 더 많은 차별이 생길 거라는 의견도 있어요.

4문단 여러분은 노키즈존에 대해 어떻게 생각하나요? 저는 노키즈존에 반대합니다. 노키즈존을 만들어 어린이의 출입을 무조건 금지[3]하는 것보다는, 공중도덕을 어기는 경우에 내보내는 것이 더 좋다고 생각합니다. 공중도덕을 어긴다면 아이뿐 아니라 어른도 내보내야 할 것입니다.

5문단 노키즈존이 없어도 되는 세상이 되면 좋겠습니다. 그러기 위해서는 어린이들 스스로 질서를 잘 지켜야 할 것입니다. 부모들은 자녀를 잘 지도해야 하겠고요. 동시에 어린이를 좀 더 배려할 줄 아는 우리 사회가 되었으면 좋겠습니다.

주목할 어휘
1 **공간** | 널리 퍼져 있는 범위 혹은 어떤 장소
2 **주장** | 자기 의견을 굳게 내세움
3 **금지** | 법, 규칙, 명령 등으로 어떤 행위를 하지 못하도록 함

어휘

3 다음 지시에 따라 단어의 뜻을 짐작해 보세요.

(1) 다음은 '들어가다'는 뜻의 들 입(入)이 사용된 단어입니다.

(2) 다음 단어와 구성을 보고 뜻을 추측해 보세요.

단어	구성	뜻
입장	들 입 + 마당 장	어떤 공간에 들어감
출입	날 출 + 들 입	
입학	들 입 + 배울 학	
구입	살 구 + 들 입	

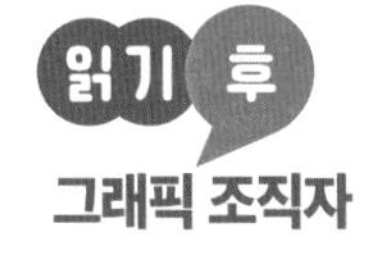

그래픽 조직자

4 노키즈존에 대한 찬성과 반대에 대한 근거를 다음 표에 정리하세요.

노키즈존에 대한 찬성과 반대가 있는 문단을 먼저 찾아보세요.

찬성	반대
•	•

사고력

5 다음 지시에 따라 다른 사람에게 피해를 끼치는 행동을 쓰세요.

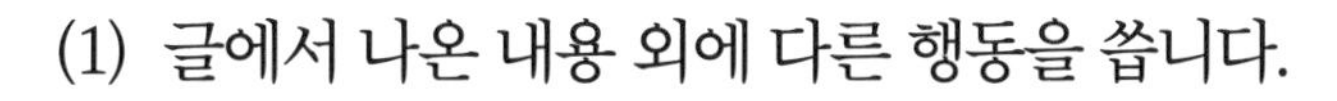

(1) 글에서 나온 내용 외에 다른 행동을 씁니다.

(2) 여러분이 보거나 들은 내용을 떠올려 보세요.

다른 사람에게 피해를 끼치는 어떤 행동을 본 적이 있나요?

•

읽기 후

쓰기

6 다음 지시에 따라 노키즈존에 대한 여러분의 생각을 쓰세요.

(1) 여러분은 노키즈존에 대해 어떻게 생각하나요?

(2) 먼저 찬성하는지 반대하는지 쓰세요.

(3) 그리고 그 이유를 2가지 이상 쓰세요.

저는 노키즈존에

왜냐하면

순천만을 다녀와서

1 다음 문장이 진실인지 거짓인지 생각해 보고 ○표 하세요.

	진실	거짓
새를 관찰하기 가장 좋은 계절은 봄이다.		
순천만은 강과 바다가 만나는 경계에서 생긴 연안 습지이다.		
순천만에서는 다양한 생물을 낚시할 수 있다.		

2 다음 지시를 모두 읽은 후 하나씩 따라 하세요.

(1) 다음 페이지의 지문을 읽습니다.

(2) 지문을 읽으면서 1번 문제의 답이 되는 문장을 3개 찾으세요.

(3) 찾은 문장에는 각각 밑줄을 긋고 ①, ②, ③으로 번호를 매기세요.

(4) 위 내용과 다른 부분에는 ○표 하세요.

지문

순천만을 다녀와서

1문단 온 가족이 순천만[1]으로 여행을 다녀왔다. 새를 좋아하는 나로서는 너무나 설레는 시간이었다. 새를 관찰하기에는 겨울이 가장 좋다고 해서 11월 첫째 주 주말로 여행 일정을 정했다. 오래 걸어야 하니 편안한 운동화를 신고 따뜻한 물도 준비했다. 아빠는 망원경도 준비해 주었다. 새벽 일찍 출발했는데도 도착하는 데 3시간이 넘게 걸렸다.

2문단 가장 먼저 순천만 천문대를 찾았다. 밤이 아니라 별을 볼 수는 없었지만 망원경이 있어 흑두루미나 청둥오리 같은 다양한 철새들을 볼 수 있었다.

3문단 이후 자연 생태관으로 이동했다. 그곳에서는 순천만이 강과 바다가 만나는 경계[2]에서 생긴 연안 습지[3]라는 것을 알게 되었다. 또한 전 세계의 습지를 보호하기 위해 만들어졌다는 '람사르 협약'에 대해서도 알게 되었다.

4문단 세 번째로 방문한 갈대숲 탐방로가 제일 재미있었다. 새는 물론이고 폴짝거리며 뛰어다니는 물고기인 짱뚱어와 게를 볼 수 있었다. 동생은 게를 잡고 싶어했지만 이곳의 생물들을 보호해 주어야 한다고 해서 보기만 했다.

5문단 순천만에서 우리는 저어새, 고니, 검은머리갈매기 등을 볼 수 있었다. 책으로만 보던 새를 직접 보게 되니 너무나 신기했고, 이 새들을 위해 습지를 잘 보호해야겠다는 생각이 저절로 들었다. 오늘 보지 못한 새를 보기 위해 다음에도 이곳을 찾고 싶다.

주목할 어휘
1 **만** | 바다가 육지 속으로 파고들어 와 있는 곳
2 **경계** | 지역이 구분되는 한계
3 **습지** | 습기가 많은 축축한 땅

어휘

3 다음 지시를 모두 읽은 후 하나씩 따라 하세요.

(1) 지문에는 다양한 생물의 이름이 나옵니다.

(2) 연필을 들고 생물의 이름에 모두 ○표 합니다.

(3) 찾은 생물을 종류에 따라 나누어 쓰세요.

새	기타 생물

독해

4 다음 지시를 모두 읽은 후 하나씩 따라 하세요.

(1) 글쓴이가 방문한 장소를 순서대로 쓰세요.

(2) 그곳에서 한 일을 선으로 연결하세요.

장소			한 일
	•	•	짱뚱어와 게를 관찰
	•	•	망원경으로 흑두루미와 청둥오리 관찰
	•	•	순천만이 연안 습지라는 것을 알게 됨

질문

5 다음 예시 처럼 문장을 읽고 질문을 만들어 보세요.

그곳에서는 순천만이 강과 바다가 만나는 경계에서 생긴 **연안 습지**라는 것을 **알게 되었다.**

한 단어를 고른 후 어떻게 질문을 만들 수 있을지 고민해 보세요.

질문1 연안 습지는 어떤 곳일까?

질문2 어떻게 그 사실을 알게 되었을까?

전 세계의 습지를 보호하기 위해 만들어졌다는 '람사르 협약'에 대해서도 알게 되었다.

쓰기

6 다음 지시를 모두 읽은 후 하나씩 따라 하세요.

(1) 인터넷으로 다음을 검색해서 사진을 찾아봅니다.

순천만　　짱뚱어　　검은머리갈매기

(2) 셋 중 하나를 골라 그 모습을 설명하세요.

인터넷을 사용할 때 주의해야 할 것

어휘

1 다음 지시를 모두 읽은 후 하나씩 따라 하세요.

(1) 다음은 지문에 나오는 어려운 단어입니다. 단어와 단어의 뜻을 읽으세요.

(2) 단어를 넣어 사용할 수 있는 문장과 연결하세요.

단어	의미			문장
모욕	깔보고 욕되게 함	•	•	기름이 바다로 ○○되었어.
악성	악한 성질	•	•	다른 사람을 ○○하면 안 돼.
유출	밖으로 흘러 나감	•	•	○○ 바이러스가 유행이다.

독해

2 다음 지시를 모두 읽은 후 하나씩 따라 하세요.

(1) 하나의 문단에는 가장 중요한 문장이 각각 하나씩 있습니다.

(2) 다음 페이지의 지문을 읽고, 각 문단별로 가장 중요한 문장을 찾으세요.

(3) 가장 중요한 문장에 밑줄을 그으세요.

예시 돈을 벌기 위해 자신의 적성과 능력에 따라 어떤 일을 지속적으로 하는 것을 직업이라고 합니다. <u>직업은 시대의 흐름에 따라 사라지기도 하고 새로운 직업이 생겨나기도 해요.</u> 어떤 직업이 사라지고 어떤 직업이 새로 생겨났을까요?

지문

인터넷을 사용할 때 주의해야 할 것

1문단 요즘에는 인터넷에서 정말 많은 일을 할 수 있어요. 궁금한 것이 있으면 정보를 찾을 수도 있고 필요한 물건을 상점에 가지 않고 구매할 수도 있어요. 또한 SNS[1]를 통해 자신의 일상을 남들에게 소개할 수도 있고 반대로 다른 이들의 삶을 들여다볼 수도 있어요. 이처럼 인터넷으로 할 수 있는 일이 많아진 만큼 반대로 주의해야 할 점도 많아졌어요.

2문단 우선 아무리 인터넷 세상이라고 해도 예절을 지켜야 해요. 다른 사람을 모욕하는 악성 댓글을 달거나 함부로 비난하고 욕해서는 안 돼요. 실제와 다른 사실을 말하거나 헛소문을 퍼트려서도 안 되고요. 비록 상대방이 우리 눈에 보이지 않아도 화면 너머에는 실제 사람이 있다는 사실을 잊지 마세요.

3문단 인터넷 세상에서는 자기 자신을 지키는 것도 필요해요. 인터넷에 집 주소, 전화번호, 학교와 학년 등 개인 정보가 유출되지 않도록 주의하세요. 나쁜 사람들이 개인 정보를 이용해 여러분에게 범죄를 저지를 수도 있어요. 사진을 올릴 때는 혹시 어떤 문제를 일으킬 수 있는 사진은 아닌지 한 번 더 생각해 보세요. 가족이나 친구 등 다른 이의 사진을 올릴 때는 반드시 허락을 먼저 받아야 해요.

4문단 다른 사람의 권리[2]를 침해[3]하지 않도록 조심하세요. 인터넷에서 볼 수 있는 영상, 글, 사진, 음악 등의 콘텐츠를 함부로 다운받아 다른 곳에 올려서는 안 돼요. 모든 인터넷 콘텐츠에는 주인이 있는데 주인 허락 없이 다른 곳에 올리는 것은 도둑질과 같아요.

주목할 어휘
1 **SNS** | 인터넷에서 사람들이 서로 연결되고 소통할 수 있도록 하는 서비스
2 **권리** | 당연히 요구할 수 있는 자격
3 **침해** | 침범하여 해를 끼침

독해

3 앞에서 표시했던 각 문단의 중심 문장을 다음 표에 정리하세요.

선택한 문장이 중심 문장이 맞는지 다시 한번 생각해 보세요.

문단	중심 문장
1문단	
2문단	
3문단	
4문단	

독해

4 만약 다음 문장을 지문에 추가한다면 어디에 넣을 수 있을까요? (　　　　)

이 내용과 가장 관련된 문단을 찾아 보세요.

왜냐하면 인터넷 콘텐츠를 만드는 데는 많은 노력이 필요해요. 그런데 만든 사람의 허락 없이 다른 곳에 올리는 것은 그 노력을 훔치는 것과 같기 때문이에요.

① 1문단 앞에　　② 2문단 앞에

③ 3문단 앞에　　④ 4문단 앞에

⑤ 4문단 뒤에

독해

5 다음 문장이 사실인지, 글쓴이의 의견인지 생각해 보고 올바른 곳에 ○표 하세요.

사람에 따라 다르게 생각할 수 있다면 의견입니다.

	사실	의견
인터넷에서는 필요한 물건을 구매할 수 있다.		
인터넷에서는 예절을 지켜야 한다.		
개인 정보가 유출되지 않도록 주의해야 한다.		
모든 인터넷 콘텐츠에는 주인이 있다.		

쓰기

6 다음 지시를 모두 읽은 후 하나씩 따라 하세요.

(1) 3문단을 다시 읽습니다.

(2) 읽은 후 내용을 가리고 읽은 내용을 말로 설명합니다.

(3) 읽은 내용을 짧은 글로 씁니다.

인터넷에서는

왜냐하면 나쁜 사람들이 이용할 수 있어요.

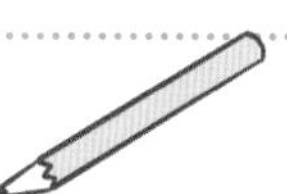

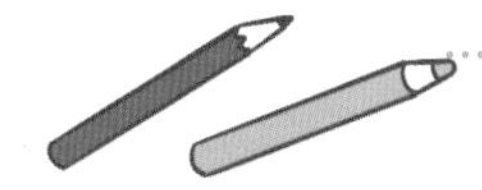

왜냐하면 나중에 어떤 문제가 생길 수 있어요.

50 물놀이 주의 사항

배경지식

1 다음 지시에 따라 여러분의 생각을 쓰세요.

(1) 이번 글의 제목은 '물놀이 주의 사항'입니다.

(2) 물놀이를 할 때 하면 안 되는 위험한 행동에는 무엇이 있을까요?

•

유창성

잘못 읽은 부분은 다시 읽어 보세요.

2 다음 지시에 따라 지문을 읽으세요.

(1) 자신이 어떻게 글을 읽는지 알면 읽기 실력이 빠르게 성장합니다.

(2) 녹음기 혹은 스마트폰을 준비합니다.

(3) 지문을 소리 내어 읽으며 녹음합니다.

(4) 자신의 읽기를 듣고 평가해 보세요.

	부족	보통	잘함
말하는 속도로 편안하게 읽었다.			
더듬거리지 않고 자연스럽게 읽었다.			
별로 틀리지 않고 매끄럽게 읽었다.			

지문

물놀이 주의 사항

안전하고 즐거운 물놀이를 위한 안전 수칙[1]

1. 준비 운동을 꼭 하고 천천히 들어가세요.
   물속은 물 바깥과 온도가 달라요. 급하게 물에 들어가면 근육과 심장이 놀라 팔다리에 쥐가 나거나 심장이 멈출 수 있어요.

2. 구명조끼나 튜브 같은 안전 장비를 챙기세요.
   혹시나 물에 빠지게 되었을 때를 대비해야 해요. 구명조끼를 입으면 얼굴이 물 위로 떠서 숨을 쉴 수 있어요.

3. 깊은 곳에 가지 마세요.
   깊은 곳으로 가면 파도에 휩쓸려 먼바다로 떠내려갈 수 있어요.

4. 음식을 먹은 후 바로 물에 들어가지 마세요.
   음식을 먹고 난 후 차가운 물에 바로 들어가면 몸이 차가워져요. 그러면 소화가 잘 안 되어서 배탈이 나기 쉬워요.

5. 물에서 음식을 먹지 마세요.
   음식이 입 안에 있는 상태에서 물을 먹게 되면 음식이 목구멍을 막을 수 있어요. 그러면 토하거나 숨이 막힐 수도 있지요.

6. 중간중간 반드시 쉬어 주세요.
   물놀이를 너무 오래 하면 체온이 내려가고 몸이 피곤해져요. 놀이 시간 50분과 쉬는 시간 10분을 지켜 위험을 예방[2]하세요.

7. 어린이는 부모님이나 어른과 함께 이용하세요.
   위험한 일이 생기지 않게 지켜보고, 위험한 일이 생겼을 때 도와줄 보호자[3]가 필요해요.

주목할 어휘

1 **수칙** | 지켜야 할 사항을 정한 규칙

2 **예방** | 질병이나 재해가 일어나기 전에 미리 대처하여 막는 일

3 **보호자** | 어떤 사람을 보호할 책임을 가지고 있는 사람

독해

3 다음 지시에 따라 읽은 내용을 떠올려 보세요.

(1) 물놀이 시 지켜야 하는 수칙 7가지를 쓰세요.

(2) 순서에 상관 없이 기억나는 것부터 우선 씁니다.

(3) 기억나는 것을 다 쓴 후 지문을 확인하고 놓친 것을 씁니다.

•

독해

4 다음 중 물에서 음식을 먹으면 안 되는 이유로 알맞은 것을 고르세요. (　　　)

① 파도에 휩쓸려 먼바다로 떠내려갈 수 있어요.

② 소화가 잘 안 되어서 배탈이 나기 쉬워요.

③ 체온이 내려가고 몸이 피곤해질 수 있어요.

④ 근육과 심장이 놀라 팔다리에 쥐가 나거나 심장이 멈출 수 있어요.

⑤ 음식물이 목구멍을 막아 토하거나 숨이 막힐 수도 있어요.

이해 전략

5 다음 지시에 따라 간단한 그림으로 표현하세요.

(1) 물놀이 시 지켜야 할 주의 사항 7가지 중 2가지를 고르세요.

(2) 고른 2가지를 쓰고 보기 와 같이 간단한 그림으로 표현하세요.

준비 운동을 꼭
하고 천천히 들어
가세요.

이런 그림을
픽토그램이라고
해요.

쓰기

6 다음 지시에 따라 글을 쓰세요.

(1) 물놀이 시 주의 사항 7가지 중 하나를 고릅니다.

(2) 고른 하나를 좀 더 자세히 설명하는 글을 쓰세요.

(3) 주의 사항을 지키지 않았을 때 벌어질 수 있는 일을 상상해서 구체적으로 쓰세요

51 꿀벌 구출 작전

배경지식

1 다음 지시에 따라 여러분의 생각을 쓰세요.

(1) 지문의 제목은 '꿀벌 구출 작전'입니다.

(2) 꿀벌을 구출하라는 말은 꿀벌이 위기에 처했다는 의미이기도 합니다.

(3) 꿀벌은 어떤 위기에 빠졌을까요?

(4) 들어 본 내용이나 여러분의 생각을 쓰세요.

읽기 중

이해 전략

2 다음 지시에 따라 지문을 읽으세요.

(1) 다음 중 지문을 읽은 뒤 예상되는 하나를 마음껏 고르세요. (　　　　)

① 나는 ~에 대해 알게 되었습니다.

② 나는 ~라는 사실에 놀랐습니다.

③ 나는 ~에 대해 더 알고 싶습니다.

(2) 지문을 읽은 후 이를 이용하여 글을 쓸 것입니다.

(3) 쓸 내용을 생각하면서 글을 읽으세요.

때로는 목적을 가지고 읽어야 할 때가 있습니다.

지문

꿀벌 구출 작전

1문단 전 세계적으로 꿀벌의 수가 매년[1] 크게 줄어들고 있어요. 전문가들은 꿀벌의 감소[2]는 지구 생태계에 큰 재앙[3]이라며 심각함을 강조하고 있어요. 꿀벌이 줄어드는 것이 왜 그렇게 심각한 일일까요?

2문단 지구상의 식물 중 95%는 꿀벌이 있어야 씨앗과 열매를 맺을 수 있어요. 꿀벌이 이 꽃과 저 꽃을 오가며 꽃가루를 옮겨 주는 덕분이지요. 이를 꽃가루받이라고 해요. 그래서 꿀벌이 사라지면 거의 대부분의 식물이 사라지게 되는 셈이에요. 그뿐만 아니라 식물을 먹이로 삼는 초식동물, 미생물도 연달아 없어지게 될 거예요. 더 심각한 것은 전 세계 식량의 60% 이상이 역시 꿀벌에 의해 생산된다고 해요. 사람 역시 심각한 문제를 맞게 되는 겁니다.

3문단 꿀벌이 지속적으로 줄어드는 이유는 '군집 붕괴 현상' 때문이에요. 군집 붕괴 현상은 꿀을 모으러 나갔던 일벌이 돌아오지 않아 벌집에 남아 있던 여왕벌과 애벌레가 단체로 죽는 현상을 말해요. 일벌이 돌아오지 않는 데는 여러 가지 원인이 있는데 이상 기온에 의한 전염병, 수많은 전자기파, 혹은 농약과 같은 화학물질이 대표적이지요.

4문단 줄어든 꿀벌을 금방 다시 늘리기는 힘들어요. 하지만 전염병에 강한 새로운 꿀벌 품종을 개발하고, 꿀벌에게 나쁜 영향을 주는 농약을 사용하지 못하게 하며, 이상기후를 늦추도록 함께 노력한다면 예전처럼 건강한 꿀벌들을 다시 만날 수 있을 거예요.

주목할 어휘
1 **매년** | 한 해 한 해
2 **감소** | 양이나 수치가 줄어듦
3 **재앙** | 뜻하지 않게 생긴 불행한 변고

어휘

3 다음 지시에 따라 단어를 학습해 보세요.

(1) 어려운 단어의 뜻은 글 안에 설명되어 있는 경우가 많아요.

어려운 단어는 이처럼 다시 한번 찾아보세요.

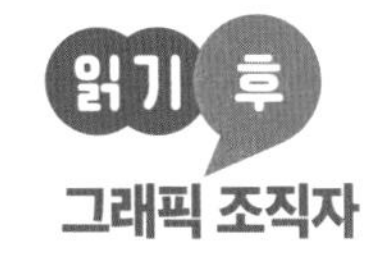

(2) 글에서 '꽃가루받이'의 뜻을 찾아 쓰세요.

꽃가루받이: ....

(3) '군집 붕괴 현상'의 뜻을 찾아 쓰세요.

군집 붕괴 현상: ....

....

그래픽 조직자

4 다음 보기 를 일의 순서에 따라 나열하세요.

보기

① 꿀벌의 수가 크게 줄어듦
② 식물을 먹이로 하는 초식동물, 미생물도 사라짐
③ 전염병, 전자기파, 화학물질 사용
④ 일벌이 돌아오지 못함
⑤ 식물이 꽃가루받이를 하지 못함
⑥ 군집 붕괴 현상이 일어남
⑦ 전 세계 식물의 95%가 사라짐

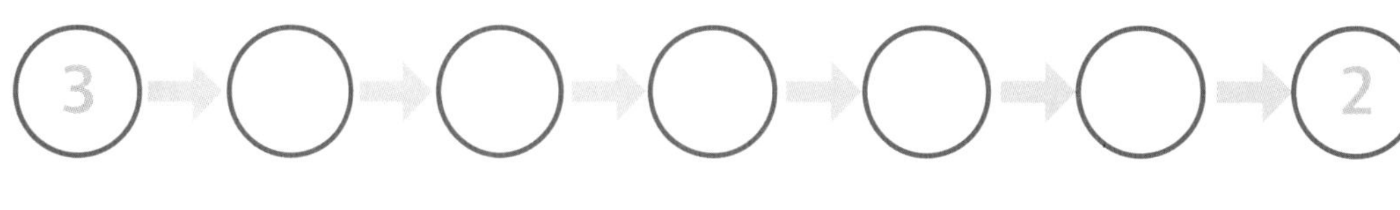

독해

5 다음 제목을 보고 몇 문단인지 쓰세요.

여러분도 새로운 제목을 지어 보세요.

	제목	문단
1	꿀벌이 감소하는 이유	
2	꿀벌 감소가 심각한 이유	
3	꿀벌의 감소	
4	꿀벌을 다시 만나기 위한 방법	

읽기 후

쓰기

6 다음 중 하나를 골라 글을 쓰세요.

① 나는 ~에 대해 알게 되었습니다.

② 나는 ~라는 사실에 놀랐습니다.

③ 나는 ~에 대해 더 알고 싶습니다.

52 인도 독립의 아버지, 간디

어휘

1 다음 지시에 따라 단어의 의미를 짐작해 보세요.

(1) 다음은 글에 나오는 어려운 단어입니다.

(2) 한자를 통해서 그 의미를 짐작해 보세요.

(3) 짐작한 의미와 가장 가까운 의미를 선으로 연결하세요.

단어			
단 (끊을 단)	식 (밥 식)	•	• 어떤 대상을 이기거나 극복하기 위한 싸움
투 (싸울 투)	쟁 (다툴 쟁)	•	• 일정 기간 동안 의식적으로 음식을 먹지 않음
처 (처할 처)	형 (형벌 형)	•	• 형벌에 처함

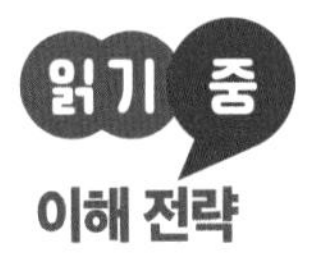

이해 전략

2 다음 지시에 따라 표시하며 지문을 읽으세요.

(1) 다음과 같은 기호를 표시하며 글을 읽으면 좋습니다.

기호를 표시하면 다 읽은 후 확인할 때 용이합니다.

이해 안 될 때 ? 새로운 사실을 알게 되었을 때 ! 중요한 내용에 ☆

예시 ! 어린이는 어른에 비해 감기 바이러스에 약하다.

(2) 여러분만의 상황과 기호를 만들어 보세요.

....

(3) 기호를 표시하며 지문을 읽어 봅시다.

지문

인도 독립의 아버지, 간디

1문단 간디는 1869년, 영국의 식민지[1]였던 인도에서 태어났다. 고등학교 졸업 후 영국에서 법을 공부해 변호사가 되었다. 남아프리카에서 변호사로 일하다 인종차별을 경험하고 46세에 인도로 돌아와 인도 독립[2]을 위한 투쟁을 시작했다.

2문단 1919년, 영국은 영국에 저항하는 인도인은 재판 없이 처형할 수 있다는 법을 만들었다. 그러자 간디는 비폭력[3] 저항운동을 벌였다. 영국 물건을 쓰지 않고 영국인이 가르치는 학교에 다니지 말며 영국인이 없는 것처럼 행동하는 것이었다. 비폭력 저항운동이 계속되자, 영국은 얼마간 양보해서 감옥에 갇힌 인도 사람들을 풀어 주었다.

3문단 1930년, 영국은 모든 소금을 영국에서 수입해 써야 한다는 법을 만들었다. 간디는 직접 소금을 만들어 쓰자며 소금 행진을 벌였다. 영국 경찰은 소금 행진에 참가하는 인도인을 때리고 감옥에 가두었다. 간디 역시 감옥에 갇혔는데, 감옥 안에서도 불복종 운동을 벌이며 단식했다. 간디가 감옥에서 죽으면 온 인도가 저항할 것이 두려워 영국은 간디를 결국 풀어 줬다.

4문단 1947년, 마침내 인도는 영국으로부터 독립했다. 하지만 힌두교와 이슬람교 사이의 다툼 때문에, 인도와 파키스탄으로 분리 독립하게 되었다. 간디는 이를 막으려고 목숨을 걸고 단식하며 노력했다. 그러나 1948년, 79세의 나이로 같은 힌두교 신자의 손에 목숨을 잃고 말았다. 인도 독립의 아버지라 불리는 간디는 지금까지도 인도인들의 큰 존경을 받고 있다.

1 **식민지** | 다른 나라에게 강제로 속해 주권을 상실한 나라
2 **독립** | 다른 것에 매이거나 의존하지 않은 상태가 됨
3 **비폭력** | 폭력을 사용하지 않음

독해

글을 자세히 살펴 보며 작은 차이를 발견해야 합니다.

3 간디에 대한 다음 설명에서 틀린 부분을 찾아 선으로 긋고 고치세요.

	문장	고친 내용
1	인도에서 태어나 영국에서 변호사~~로 일했다.~~	가 되었다.
2	영국인이 없는 것처럼 행동하는 불복종 운동을 벌였다.	
3	소금을 영국으로 수출하자며 소금 행진을 벌였다.	
4	79세의 나이로 같은 이슬람교 신자의 손에 목숨을 잃었다.	

읽기 후

독해

동생에게 말해 준다고 생각하고 쉬운 말로 설명해 보세요.

4 다음 지시에 따라 비폭력 저항운동과 소금 행진을 설명하세요.

(1) 비폭력 저항운동에 대한 설명을 찾아 읽으세요.

(2) 읽은 내용을 짧게 줄여 글로 쓰세요.

비폭력 저항운동이란 ....

....

....

(3) 소금 행진에 대한 설명을 찾아 읽으세요.

(4) 읽은 내용을 짧게 줄여 글로 쓰세요.

소금 행진이란 ....

....

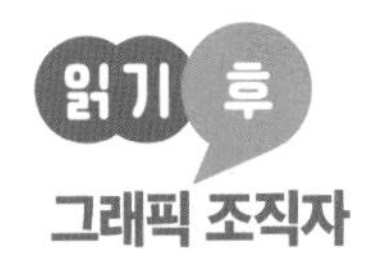

5 간디가 일생 동안 겪은 일을 연도에 따라 다음 표에 정리하세요.

1869년	
	영국에 저항하는 인도인은 재판 없이 처형할 수 있다는 법을 만들었음
1930년	영국은
	인도가 영국으로부터 독립함
1948년	

6 다음 지시에 따라 간디에게 5가지 이상의 질문을 하세요.

(1) 간디를 만난다면 어떤 질문을 하고 싶나요?

(2) 글을 다시 읽으며 질문을 만들어 보세요.

- 왜 변호사가 되었나요?

지진 발생 시 국민 행동 요령

1 지진이 발생했을 때 어떻게 행동해야 하나요? 여러분이 알고 있는 지진 대피 행동 요령을 쓰세요.

•

2 다음 지시에 따라 지문을 읽으세요.

(1) 지문에는 지진 발생 시 올바른 행동 요령이 여러 개 설명되어 있습니다.

(2) 요령이 나오면 밑줄을 그으세요.

(3) ①, ②, ③처럼 앞에서부터 차례대로 번호를 매기세요.

지문

지진 발생 시 국민 행동 요령

1문단 많은 사람들이 우리나라를 지진 안전지대로 여기고 있습니다. 하지만, 2000년대 이후 우리나라에서도 크고 작은 지진이 많이 일어나고 있습니다. 2016년엔 경주에서, 2017년에는 포항에서 진도 5가 넘는 제법 큰 지진이 일어나기도 했지요.

2문단 지진이 미리 알아채기 힘든 재난[1]이라는 점을 명심하여 평상시에 대피 요령[2]을 잘 익혀 둔다면 큰 피해를 입지 않을 수 있습니다. 지진이 일어났을 때 우리는 어떻게 해야 할까요? 행정안전부에서는 지진이 일어났을 때 올바른 행동 요령을 다음처럼 말하고 있습니다.

3문단 제일 먼저 튼튼한 탁자 아래에 들어가 몸을 보호합니다. 흔들림이 잠시 멈추면 화재에 대비해 가스와 전깃불을 끄고 문이나 창문 등의 출구를 확보합니다. 흔들림이 완전히 멈추면 유리 조각이나 떨어진 물체에 발을 다치지 않게 신발을 갖춰 신고, 엘리베이터가 아닌 계단을 이용해서 건물 밖으로 나옵니다.

4문단 밖으로 나와서는 건물이나 담장으로부터 떨어져 이동하며, 공원이나 운동장 등 떨어지거나 무너질 만한 물건이 없는 넓은 공간으로 걸어서 대피[3]합니다. 대피 장소에서는 안내에 따라 질서를 지켜 이동합니다. 근거 없는 소문에 귀 기울이지 말고 라디오나 공공기관의 안내 방송에 따라 행동합니다. 공공기관이 제공하는 정보에 따라 ㉠귀가 여부를 결정하며, 집이나 사무실로 돌아간 후에는 안전에 유의하여 주변을 확인하는 것이 중요합니다.

주목할 어휘

1 **재난** | 뜻밖에 일어난 재앙과 고난

2 **요령** | 일을 하는 데 필요한 효과적인 방법

3 **대피** | 위험이나 피해를 입지 않도록 일시적으로 피함

어휘

3 다음 지시에 따라 ㉠귀가의 뜻을 추측해 보세요.

(1) 다음 문장 안에는 ㉠귀가의 뜻을 짐작할 수 있는 힌트가 있습니다.

> 공공기관이 제공하는 정보에 따라 ㉠귀가 여부를 결정하며, 집이나 사무실로 돌아간 후에는 안전에 유의하여 주변을 확인하는 것이 중요합니다.

(2) 힌트가 될 만한 부분에 밑줄을 그으세요.

(3) 힌트를 이용하여 여러분이 생각하는 ㉠귀가의 뜻을 쓰세요.

....

....

이해 전략

4 1, 2문단에서 가장 중요한 문장의 번호를 찾아 각각 ○표 하세요.

글쓴이가 가장 하고 싶은 말을 찾아보세요.

1문단 ❶ 많은 사람들이 우리나라를 지진 안전지대로 여기고 있습니다. ❷ 하지만, 2000년대 이후 우리나라에서도 크고 작은 지진이 많이 일어나고 있습니다. ❸ 2016년엔 경주에서, 2017년에는 포항에서 진도 5가 넘는 제법 큰 지진이 일어나기도 했지요.

2문단 ❶ 지진이 미리 알아채기 힘든 재난이라는 점을 명심하여 평상시에 대피 요령을 잘 익혀 둔다면 큰 피해를 입지 않을 수 있습니다. ❷ 지진이 일어났을 때 우리는 어떻게 해야 할까요? ❸ 행정안전부에서는 지진이 일어났을 때 올바른 행동 요령을 다음처럼 말하고 있습니다.

독해

5 다음 설명 중 글의 내용과 일치하는 것을 고르세요. (   )

① 지진이 발생하면 즉시 바깥으로 나간다.

② 흔들림이 완전히 멈추면 가스와 전깃불을 끈다.

③ 밖에서 이동할 때는 건물 벽에 최대한 붙어서 이동한다.

④ 밖으로 나갈 때는 계단 대신 엘리베이터를 이용한다.

⑤ 안내 방송 등을 통해 공공기관이 제공하는 정보를 따른다.

사고력

6 지진이 발생했을 때 다음처럼 행동하는 이유를 추측해 쓰세요.

하나를 배웠다면
항상 왜 그런지
그 이유를 생각하는
습관을 들여 보세요.

	내용	이유
1	튼튼한 탁자 아래에 들어가 몸을 보호합니다.	머리가 다치는 것을 막기 위해
2	문이나 창문 등의 출구를 확보합니다.	
3	엘리베이터가 아닌 계단을 이용해서 건물 밖으로 나옵니다.	
4	밖으로 나와서는 건물이나 담장으로부터 떨어져 이동합니다.	
5	안내에 따라 질서를 지켜 이동합니다.	
6	근거 없는 소문에 귀 기울이지 말아야 합니다.	

창업에 동의해 주세요!

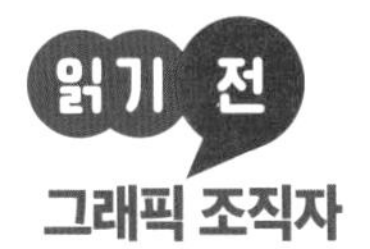

그래픽 조직자

여러분 입장으로 바꿔 생각해 보세요.

1 지문에 나오는 중요 단어를 미리 학습해 보세요.

사업: 어떤 목적과 계획을 가지고 지속적으로 하는 일

자금: 사업을 관리하고 운영하는 데에 쓰는 돈

창업: 사업 따위를 처음으로 이루어 시작함

영업: 재산상 이익을 목적으로 하는 사업 또는 그런 행위

경영: 사업이나 기업 따위를 관리하여 운영함

이해 전략

읽은 후에 무엇을 해야 하는지 간단히 살펴보세요.

2 다음 지시에 따라 지문을 살펴보세요.

(1) 글을 읽고 문제를 풀어야 할 때는 문제를 미리 살펴보면 좋습니다.

(2) 3번부터 6번까지의 문제를 살펴보세요.

(3) 무엇을 묻고 있는지 정리해 보세요.

(4) 문제를 염두에 두고 지문을 읽습니다.

지문

창업에 동의해 주세요!

1문단 엄마 아빠께.

깜짝 놀라실지도 모르겠지만 저 요즘 창업을 준비하고 있어요. 맞아요. 바로 사업을 시작하려는 거죠. 왜냐하면 직접 돈을 벌어 보고 싶었는데 마침 좋은 아이디어가 떠올랐거든요. 이 기회를 놓치고 싶지 않아 용기를 내었어요.

2문단 학생이 무슨 창업이냐고 생각하실 수 있지만 창업은 성인[1]만 할 수 있는 건 아니랍니다. 물론 보통은 성인이 되는 만 20세부터 가능한 것은 맞아요. 하지만 저 같은 미성년자[2]도 법정대리인[3]의 동의가 있으면 창업할 수 있답니다. 미성년자라 해도 법정대리인의 동의, 사업 아이디어, 자금이 있으면 사업을 시작할 수 있는 거죠. 그러니 부모님만 동의해 주시면 돼요.

3문단 제 사업 아이디어는 바로 맞벌이 부부의 아이를 잠깐 돌봐 주는 일이에요. 지난번에 아래층 찬이네 부모님이 두 분 다 갑자기 급한 일이 생기셔서 제가 찬이를 돌봐 준 적이 있잖아요. 간식도 챙겨 주고 책도 읽어 주고요. 그날의 기억이 저는 참 좋아요. 찬이도 너무 좋아했고 찬이 부모님도 많이 고마워했었죠. 여기서 아이디어를 얻었어요. 우선은 우리 아파트 내에서 영업을 시작해 보려고 해요.

4문단 물론 꼭 성공할 수는 없다는 걸 알아요. 하지만 실패한다고 해도 저는 괜찮아요. 좋은 경험이 될 수 있을 것 같거든요. 이참에 경영을 배울 수도 있을 것 같고요. 시작하는데 큰 자금이 필요한 것도 아니고 큰 위험이 있는 것도 아니니 꼭 허락해 주셨으면 좋겠어요.

아들 민혁이가

주목할 어휘

1 **성인** | 어른이 된 사람

2 **미성년자** | 성인이 아닌 사람

3 **법정대리인** | 본인의 위임 없이 어떤 사람을 대신할 권리가 있는 사람

독해

3 각 문단과 그 문단의 중심 내용을 연결하고 빈칸에 알맞게 쓰세요.

1문단 •	•	창업을 꼭 허락해 주셨으면 좋겠어요.
2문단 •	•	창업을 준비하고 있어요.
3문단 •	•	....
4문단 •	•	미성년자라 해도 창업할 수 있어요.

사고력

4 다음 중 윗글을 통해 알 수 있는 사실이 아닌 것을 고르세요. (   )

글에서 나온 내용을 근거로 나오지 않은 내용까지 스스로 생각해 보세요.

① 실패를 한다고 해도 배울 수 있는 것이 있다.

② 창업은 보통 만 20세부터 가능하다.

③ 미성년자라도 사업을 할 수 있는 방법이 있다.

④ 중학생은 자기만 원하면 사업을 시작할 수 있다.

⑤ 사업을 잘하면 돈을 벌 수 있지만 실패할 수도 있다.

어휘

5 다음 지시에 따라 앞에서 학습한 단어를 복습하세요.

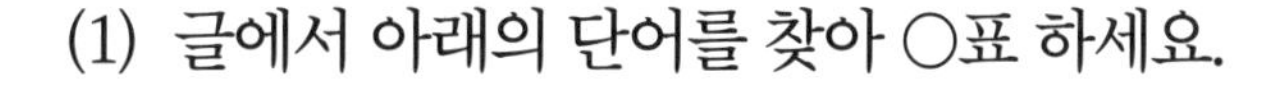

(1) 글에서 아래의 단어를 찾아 ○표 하세요.

(2) 단어의 뜻을 생각하여 빈칸을 채우세요.

(3) 잘 모르겠다면 1번 문제를 다시 확인해도 좋습니다.

(4) 하지만 주어진 설명을 그대로 쓰지 말고 다른 표현으로 바꾸어 쓰세요.

나 스스로 이해할 수 있는 쉬운 말로 바꾸는 것이 중요합니다.

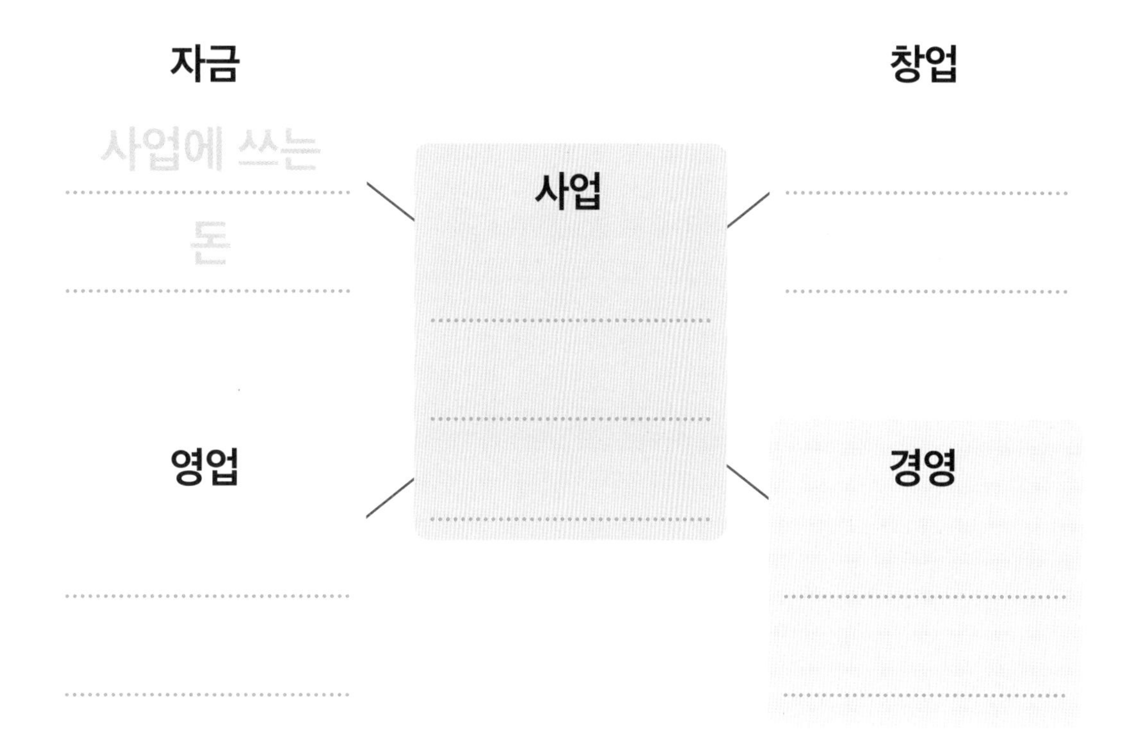

쓰기

6 다음 지시에 따라 편지글을 쓰세요.

(1) 여러분은 민혁이의 부모님입니다.

(2) 민혁이를 응원하고 격려하고 칭찬하는 내용을 담아 편지를 쓰세요.

55 판화의 종류

이해 전략

생소한 내용의 글은 이처럼 미리 살펴보면 이해하는 데 많은 도움이 됩니다.

1 다음 지시에 따라 지문을 살펴보세요.

(1) 다음 페이지의 지문을 빠르게 살펴보겠습니다.

(2) 천천히 제대로 읽는 것이 아니라 구경하듯 간단히 봅니다.

(3) 문단별로 눈을 옆으로 스윽 하고 움직여 끝까지 살펴봅니다.

(4) 기억에 남는 단어나 내용을 쓰세요.

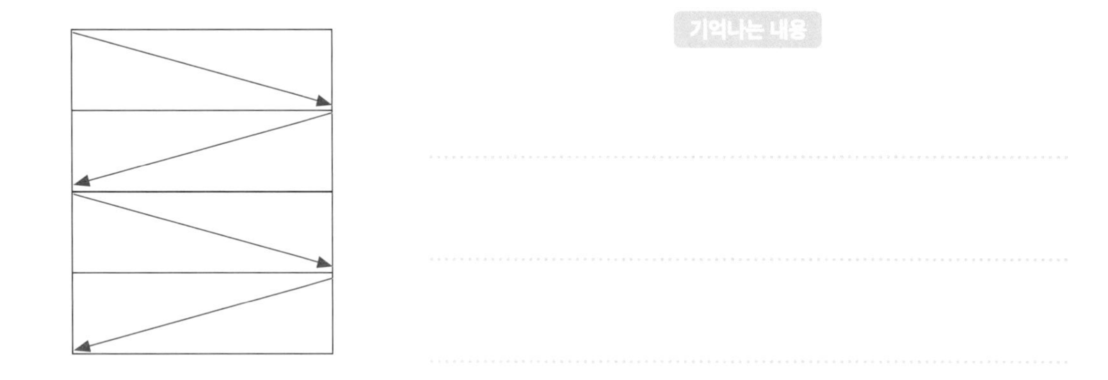

이해 전략

2 다음 지시에 따라 문단별로 핵심 단어를 찾아보세요.

(1) 각 문단에는 문단을 대표하는 가장 중요한 단어가 있습니다.

(2) 이를 '핵심 단어'라고 합니다.

(3) 글을 읽으면서 문단별로 핵심 단어를 찾아보세요.

(4) 찾은 핵심 단어에는 [ ] 로 표시하세요.

지문

판화의 종류

1문단 판화는 나무나 금속, 돌, 고무로 된 판에 그림을 새긴[1] 다음 그 위에 잉크를 칠해서 찍어 낸 그림이에요. 똑같은 그림을 여러 장 찍을 수 있는 게 특징이지요. 판화는 판을 만드는 방법에 따라 볼록[2] 판화, 오목[3] 판화, 공판화 등 여러 종류가 있어요.

2문단 볼록 판화는 볼록한 면에 잉크를 묻혀 찍는 판화예요. 판에 그림을 그리고 선을 칼로 파내면 어떻게 될까요? 선은 모두 파지고 나머지 부분은 그대로 남겠지요. 여기에 잉크를 발라 찍어 낸 그림이 바로 볼록 판화예요. 볼록하게 튀어나온 부분에 잉크를 묻혀 찍기 때문에 볼록 판화라고 하는 거지요.

3문단 반대로 오목 판화는 오목한 곳에 잉크를 넣어 찍는 판화예요. 먼저 뾰족한 도구로 판을 긁어서 그림을 그려요. 그림을 다 그리면 판에 잉크를 칠한 다음 평평한 부분 쪽에 묻은 잉크를 닦아 내요. 그러면 오목한 부분에만 잉크가 남겠지요? 그런 다음 젖은 종이를 판에 덮고 세게 누르면 오목한 곳에 있던 잉크가 종이에 찍혀 나와요.

4문단 공판화는 판에 그림을 그린 후 가위 등의 도구로 그림을 오려 내요. 오려 낸 판을 종이 위에 올린 후 구멍에 잉크를 뿌리거나 발라요. 그러면 오려 낸 모양대로 종이에 그림이 나타나겠지요? 그래서 공판화의 공은 ㉠ .... 이라는 뜻이랍니다.

주목할 어휘

1 **새기다** | 글씨나 모양을 파다.

2 **볼록** | 물체의 거죽이 조금 도드라지거나 쏙 내밀린 모양

3 **오목** | 가운데가 폭 패거나 들어가 있는 모양

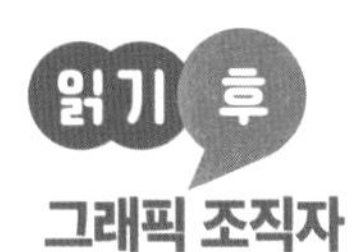

그래픽 조직자

3 지문의 내용을 다음 표에 정리하세요.

문단별로 찾은 핵심 단어를 생각해 보세요.

판화

볼록 판화

볼록한 면에 잉크를 묻혀 찍는 판화

독해

4 다음 중 ㉠_____에 들어갈 말로 적당한 것을 고르세요. (　　　)

공판화에 대해 설명한 4문단을 다시 읽으세요.

① 멋진

② 연결한

③ 붙인

④ 튀어나온

⑤ 구멍

5 **다음 지시에 따라 오목 판화 만드는 방법을 정리하세요.**

(1) 오목 판화에 대해 설명한 문단을 찾으세요.

(2) 오목 판화를 만드는 방법을 순서대로 번호로 매기세요.

(3) 다음 표에 정리하세요.

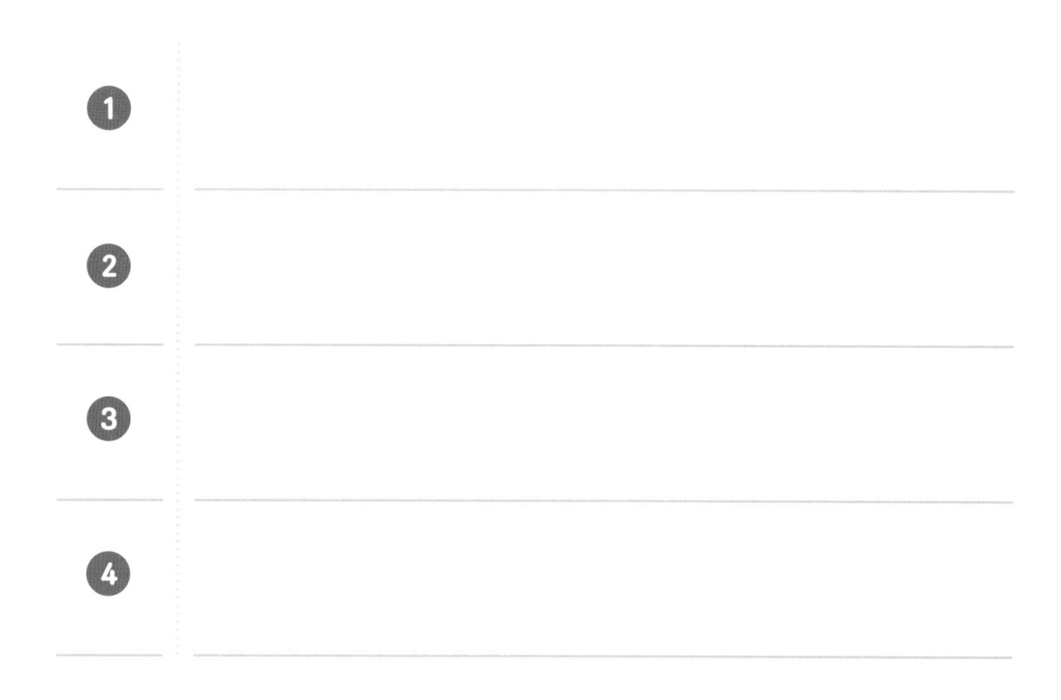

❶	
❷	
❸	
❹	

6 **다음 그림을 보고 어떤 판화인지 쓰세요.**

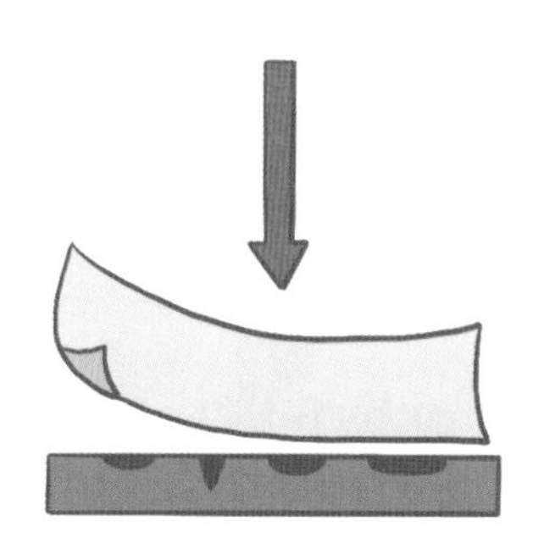

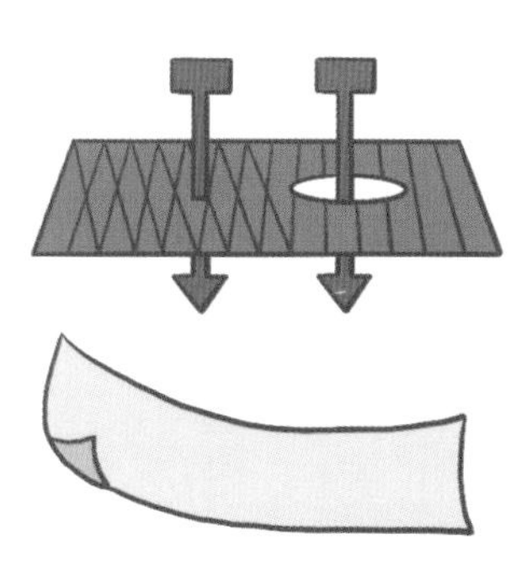

56 운동을 해야 하는 3가지 이유

이해 전략

제목을 보고 먼저 스스로 생각하는 것은 좋은 습관입니다.

1 다음 지시에 따라 여러분의 생각을 쓰세요.

(1) 지문의 제목은 '운동을 해야 하는 3가지 이유'입니다.

(2) 운동을 해야 하는 이유는 무엇이라고 생각하나요?

(3) 여러분이 생각하는 이유를 3가지 이상 쓰세요.

•

읽기 중

유창성

2 다음 지시에 따라 지문을 읽으세요.

(1) 지문을 말하는 속도로 소리 내어 읽습니다.

(2) 읽다가 잘못 읽거나 더듬거린 부분에는 ✔표 합니다.

(3) ✔표 한 부분은 다시 읽습니다.

지문

운동을 해야 하는 3가지 이유

1문단 여러분은 시간이 남으면 무엇을 하나요? 게임? 스마트폰? TV 시청? 아니면 음악 감상? 만약 그렇다면 여러분의 여가 시간에 운동을 포함시키면 어떨까요?

2문단 운동은 몸무게가 지나치게 느는 것을 막아 줘요. 사람이 살아가기 위해서는 열량이 필요해요. 열량은 음식물에 든 에너지로, 우리는 식사를 통해 열량을 얻을 수 있어요. 문제는 우리 주변에 과자나 인스턴트 음식처럼 열량이 과다[1]하게 높은 음식이 너무 많다는 거예요. 운동은 이렇게 지나치게 섭취한 열량을 소모[2]해 주어 살이 찌는 것을 막아 줘요.

3문단 운동은 우리 몸을 더욱 튼튼하게 만들어 줘요. 운동은 우리 몸속 기관들인 심장, 폐, 위 같은 내장도 튼튼하게 만들어 줘요. 내장이 튼튼해지면 암이나 고혈압, 당뇨 등의 병에 걸릴 가능성도 줄어들지요. 또한 운동은 근육은 강하게 관절은 유연하게 만들어요. 그러면 더 무거운 물건도 들 수 있고 피로도 덜 느끼며 이런저런 부상을 당할 가능성도 줄어들지요.

4문단 운동은 우리 삶을 더 즐겁게 만들어 줘요. 규칙적으로 운동하는 사람은 그렇지 않은 사람에 비해 스트레스도 덜 느끼고 우울증[3]에 빠질 가능성도 낮아요. 운동이 우리 뇌를 자극해서 기분을 좋게 해 주는 물질을 내뿜도록 하기 때문이에요.

5문단 그러니 더 행복하고 싶다면 운동을 해 보세요. 달리기, 수영, 탁구, 배드민턴처럼 주변에서 쉽게 할 수 있는 운동을 찾아 규칙적으로 해 보세요. 여러분의 삶이 분명 바뀔 것입니다.

1 **과다** | 너무 많음
2 **소모** | 써서 없앰
3 **우울증** | 오랜 기간 동안 걱정이 있고 답답한 마음의 병

어휘

3 다음 지시를 모두 읽은 후 하나씩 따라 하세요.

단어의 의미는 단어의 근처에 있습니다.

(1) 다음 단어를 읽으세요. 뜻은 모두 지문에 숨어 있습니다.

열량 **과다** **내장**

(2) 위 단어의 뜻과 같은 표현을 지문에서 찾아 선으로 연결하고, 아래 빈칸에 쓰세요.

보기

문제는 우리 주변에 과자나 인스턴트 음식처럼 열량이 과다하게 높은 음식이 너무 많다는 거예요. 운동은 이렇게 지나치게 섭취한 열량을 소모해 주어 살이 찌는 것을 막아 줘요.

단어	열량	과다하게	내장
의미		지나치게	

이해 전략

4 2, 3, 4문단 내용을 간단히 나타낼 수 있는 이미지를 그리세요.

문단	2문단	3문단	4문단
이미지			

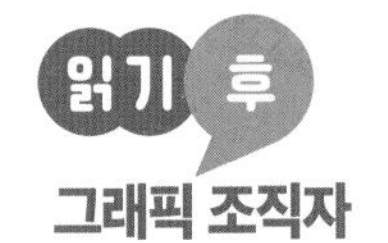

그래픽 조직자

찾은 내용을 다시 한번 살펴보면서 내용을 정리해 보세요.

5 다음 지시에 따라 문단별로 중심 문장을 찾아보세요.

(1) 각 문단에서 가장 중요한 문장을 하나씩 찾아보세요.

(2) 그보다 더 중요한 문장이 없는지 한 번 더 생각해 보세요.

(3) 확실하다면 밑줄을 긋고, 그 문장을 아래 표에 옮겨 쓰세요.

	중심 문장
1문단	
2문단	
3문단	
4문단	
5문단	

쓰기

공간이 부족하다면 노트에 써 보세요.

6 다음 지시에 따라 글을 쓰세요.

(1) 운동을 해야 하는 이유를 나의 글로 써 보겠습니다.

(2) 문제 1번과 문제 5번에서 정리한 이유를 확인하세요.

(3) 여기에 하고 싶은 말을 조금 더해 나의 글을 쓰세요.

운동을 꾸준히 해야 합니다. 왜냐하면

무역을 하는 이유

어휘

1 다음 지시에 따라 아래 어휘를 알고 있는지 확인하세요.

무역	수입	수출
자원	지하자원	석유
철광석	상품	이익

(1) 뜻을 안다면 말로 설명하고 ○표 하세요.

(2) 뜻을 모른다면 X표 하세요.

(3) X표 한 단어는 지문에서 찾아 ○표 하세요.

(4) 글의 내용을 통해 그 뜻을 짐작해 보세요.

이해 전략

순서를 나타내는 표현을 표시하면 내용을 정리하는 데 도움이 됩니다.

2 다음 지시에 따라 지문을 읽으세요.

(1) 글에는 때로는 순서를 나타내는 표현이 있습니다.

(2) 다음은 순서를 나타내는 표현의 예시입니다.

우선 다음으로 마지막으로 첫째 둘째 셋째 넷째
첫 번째 두 번째 세 번째 네 번째

(3) 지문에서 순서를 나타내는 표현이 나오면 ○표 하세요.

지문

무역을 하는 이유

1문단 다른 나라와 물건을 사고파는 걸 무역이라고 한다. 무역에는 다른 나라에서 물건을 사 오는 수입과, 자기 나라 물건을 다른 나라로 파는 수출이 있다. 무역은 오래전 교통이 발달하기 전부터 시작되었다. 무역은 왜 하는 걸까?

2문단 첫째, 무역을 하면 자기 나라에서 나지 않는 자원을 얻을 수 있다. 우리나라의 경우 특히 지하자원[1]이 적은 편이다. 그래서 석유, 철광석[2] 등을 외국에서 수입해 오고 있다.

3문단 둘째, 자기 나라에서 만들지 못하는 상품을 이용할 수 있다. 자동차와 컴퓨터를 스스로 만들 수 있는 나라는 많지 않다. 이렇게 스스로 만들 수 없는 상품은 외국에서 수입해야만 쓸 수 있다.

4문단 셋째, 어떤 상품이 모자라 가격이 많이 올랐을 때, 다른 나라에서 그 상품을 수입해 ㉠ 가격을 안정시킨다. 쌀의 경우 어떤 해에는 농사가 잘되지 않아 부족할 수 있다. 이럴 때는 외국에서 쌀을 수입하게 된다.

5문단 넷째, 수출을 통해 많은 물건을 팔아 더 큰 이익[3]을 얻을 수 있다. 우리나라 안에서만 물건을 팔면 팔 수 있는 물건의 수가 정해져 있다. 하지만 다른 나라에도 판다면 더 많은 물건을 팔 수 있다.

6문단 모든 것을 다 가진 나라는 없다. 어떤 나라가 가진 것을 다른 나라는 가지지 못한 경우가 많다. 이런 경우 무역을 한다면 양쪽에 모두 이익이 된다. 물건을 파는 쪽은 돈을 벌고 물건을 사는 쪽은 필요한 물건을 구하는 것이다. 무역은 이처럼 양쪽의 이익이 맞을 때 일어나게 된다.

주목할 어휘
1 **지하자원** | 땅 속에 묻혀 있는 자원
2 **철광석** | 철을 포함하고 있는 광석
3 **이익** | 물질적으로 혹은 정신적으로 보탬이 되는 것

어휘

3 다음 지시에 따라 ㉠가격을 안정시킨다의 의미를 추측해 보세요.

(1) '안정시키다'는 말의 의미를 먼저 생각해 보세요.

(2) 다음 문장을 통해 그 뜻을 짐작해 보세요.

어떤 상품이 모자라 가격이 많이 올랐을 때, 다른 나라에서 그 상품을 수입해 ㉠가격을 안정시킨다.

(3) 여러분이 추측한 '가격을 안정시키다'의 의미를 쓰세요.

....

(4) 그렇게 추측한 이유를 쓰세요.

....

....

독해

4 위의 글을 이해한 내용으로 적절하지 않은 것은 무엇인가요? (   )

① 수입과 수출을 합쳐서 무역이라 한다.

② 무역을 하면 한쪽은 반드시 손해를 입게 된다.

③ 첨단 제품은 만들 수 있는 나라가 많지 않다.

④ 무역을 통해 우리에게 부족한 자원을 구할 수 있다.

⑤ 무역은 필요에 의해서 생겨났다.

그래픽 조직자

5 다음 표에 무역을 하는 이유를 정리하세요.

보지 않고 정리한 후 빠진 내용을 확인하고 추가해 보세요.

	무역을 하는 이유
1	
2	
3	가격이 오른 상품의 가격을 안정시킬 수 있다.
4	

읽기 후

사고력

6 다음 지시에 따라 글을 쓰세요.

여러분 스스로 학생을 가르치는 선생님이라고 생각하고 쓰세요.

(1) 나라와 나라 사이에 물건을 사고 파는 것은 무역이라 합니다.

(2) 사람과 사람 사이에 물건을 사고 파는 것은 거래라고 합니다.

(3) 지문을 참고하여 거래를 하는 이유를 글로 설명하세요.

(4) 여러분이 물건을 샀던 경험을 떠올려 보세요.

58 화산학자

질문

1 다음 지시에 따라 질문해 보세요.

(1) 이 글을 쓴 사람은 화산학자입니다.

(2) 화산학자를 인터뷰한다면 어떤 질문을 하고 싶나요?

(3) 화산학자에게 할 수 있는 질문을 3개 만들어 보세요.

•

유창성

2 글쓴이의 상황에 맞는 목소리로 지문을 읽은 후 스스로 평가해 보세요.

이 글은 화산학자가 조카에게 쓴 편지입니다. 읽는 이가 조카이므로 다정한 말투입니다. 동시에 화산학자로서 전문가답게 자신감 있는 목소리이기도 합니다.

	잘함	보통	부족
말을 하듯 자연스러웠다.			
조카를 대하는 친절한 말투로 읽었다.			
전문가다운 자신감 있는 목소리로 읽었다.			

지문

화산학자

1문단 사랑하는 조카 민준이에게

안녕, 민준아. 그동안 잘 있었어?

2문단 우리 민준이가 이모를 무척 걱정한다는 이야기를 전해 들었어. 이모가 **화산**에서 연구하는 것 때문에 다칠까 봐 걱정이 많다고 말이야. 이모가 있는 곳은 어떤 곳이고, 어떤 일을 하는지 자세히 알려 주면 민준이 걱정을 덜 수 있을 것 같아 이렇게 편지를 쓴단다.

3문단 알다시피 이모는 **화산학자**야. 화산이 언제 폭발할지 예측[1]하고 화산 활동이 우리에게 미치는 영향에 대해 연구하지. 지금 이모가 있는 곳은 미국 알래스카 보로슬로프 화산 옆 지질 센터인데, 여기는 지진과 화산 활동이 매우 활발하단다. 위험할 것 같지만 생각보다는 안전해.

4문단 나와 내 동료들은 **화산재**, **용암**, **가스**를 모아. 그리고 그걸 재료로 실험실에서 분석[2]하고 연구해. 또 화산이 내는 소리를 주의 깊게 듣고, 산꼭대기의 모습을 잘 관찰해서 화산 발생을 예보하는 일을 하지. 미리 알리는 일을 하는 만큼 문제가 있을 때 안전하게 대피할 수도 있어.

5문단 게다가 최근에는 위험한 일은 사람 대신 기계를 이용하고 있어. 우리 센터에는 로봇 단테가 있는데 **분화구** 탐사[3]를 맡아서 해 주고 있지. 또 화산 주변의 온도 측정은 인공위성으로 하고 있어. 이런 많은 관측 기구들이 우리 연구자들을 돕고 있어서 우리는 안전하단다.

6문단 이모는 열심히 이곳에서 연구하다가 6개월 뒤 돌아갈 거야. 그때까지 이모 걱정은 하지 말고, 건강하게 잘 있으렴!

2024년 6월 11일. 이모가.

주목할 어휘

1 **예측** | 미리 헤아려 짐작함

2 **분석** | 얽혀 있거나 복잡한 것을 풀어서 개별적인 요소로 나눔

3 **탐사** | 알려지지 않은 사물이나 사실 따위를 샅샅이 더듬어 조사함

어휘

3 다음 지시에 따라 어휘를 학습해 보세요.

(1) 지문에는 굵은 글씨로 나타낸 단어가 있습니다.

(2) 이들은 모두 화산과 관련된 단어입니다.

(3) 다음 설명을 읽고 그림의 알맞은 곳에 쓰세요.

보기와 그림을 잘 비교해 보세요.

보기

화산: 땅 속의 마그마가 튀어나와 쌓여서 만들어진 산

화산학자: 화산을 연구하는 학자

분화구: 화산에서 용암과 가스 따위가 나오는 공간

용암: 화산의 분화구에서 분출된 붉은색 마그마

가스: 기체 물질을 통틀어 이르는 말

화산재: 화산에서 분출된 용암의 부스러기

독해

4 다음 중 화산학자가 직접 하는 일이 아닌 것을 고르세요. (　　　　)

① 화산이 내는 소리를 주의 깊게 듣기

② 분화구 탐사하기

③ 화산 발생을 미리 예보하기

④ 산꼭대기의 모습을 관찰하기

⑤ 화산재, 용암, 가스 등을 분석하고 연구하기

5 다음 지시에 따라 글을 평가해 보세요.

(1) 글쓴이가 이 글을 쓴 이유는 (   ) 문단에 있습니다.

(2) 편지를 쓴 이유를 한 줄로 쓰세요.

(3) 이 편지를 통해 그 목적을 달성했다고 생각하나요?

(4) 그 이유는 무엇인가요?

6 다음 지시에 따라 글의 제목을 바꿔 보세요.

사람들의 관심을 끌려면 호기심을 자극하면 좋습니다.

(1) 이 글의 제목은 '화산학자'입니다.

(2) 너무 짧고 단순하여 사람들의 관심을 끌기에 부족해 보입니다.

(3) 많은 사람들이 관심을 가질 만한 제목을 3개 이상 지어 보세요.

•

독도가 우리 땅인 이유

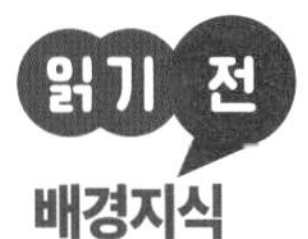

배경지식

가족과 함께
놀이처럼 해 봐도
좋습니다.

1 다음은 우리나라 섬의 이름입니다. 초성을 보고 섬의 이름을 맞혀 보세요.

ㅈㅈㄷ	ㅇㄹㄷ	ㄷㄷ

ㄱㅎㄷ	ㄱㅈㄷ	ㅇㅈㄷ

독해

2 다음 지시에 따라 지문을 읽으세요.

(1) 초를 잴 수 있도록 스마트폰이나 타이머를 준비합니다.

(2) 타이머를 누르고 다음 페이지의 지문을 소리 내어 읽습니다.

(3) 다 읽으면 타이머를 멈추고 시간을 확인합니다.

(4) 내 읽기 속도가 다음 중 어디에 속하는지 확인합니다.

- ☐ **80초 이하** | 너무 빨라요. 조금 더 천천히 읽으세요.
- ☐ **90~119초** | 적당한 속도입니다. 계속 그렇게 읽으세요.
- ☐ **143초 이상** | 너무 느려요. 한 번 더 읽으세요.

지문

독도가 우리 땅인 이유

1문단 안녕? 나는 독도봇이야. 우리 땅 독도에 대해 무엇이든 알려 주는 로봇이지. 일본이 독도를 자기네 땅이라고 우기고 있다는 걸 알고 있지? 하지만 독도는 분명한 우리 땅이야. 왜 그런지 지금부터 설명해 줄게.

2문단 첫째, 독도는 일본보다 우리나라에 훨씬 가까워. 독도는 우리나라 가장 동쪽에 있는 땅으로, 울릉도에서 87.4km 떨어져 있어. 맑은 날이면 맨눈으로 볼 수 있을 정도의 거리지. 반면 독도와 가장 가까운 일본 땅은 오키섬이야. 이 둘 사이의 거리는 157.5km야. 울릉도보다 두 배 더 멀리 떨어져 있어서 눈으로는 보이지도 않아. 이건 1454년 조선시대 <세종실록 지리지>에도 이미 쓰여 있는 사실이야.

3문단 둘째, 독도가 우리 땅이라는 역사[1]적 근거[2]도 많아. 신라 지증왕은 512년 독도를 정복[3]한 뒤 우산국이라고 이름 붙였어. 1693년 안용복은 울릉도에 일본 고깃배가 들어오는 걸 일본에 따졌어. 일본은 울릉도와 독도 모두 일본에 속하지 않는다고 인정하고 일본 사람들이 울릉도 쪽 바다로 넘어가는 걸 금지하기도 했지. 일본은 독도가 조선 땅이라고 1870년 다시 한번 기록을 남겼어. 1894년 일본 지도에는 독도가 한국 땅으로 표시되어 있기도 하지.

4문단 셋째, 무엇보다도 우리나라가 오랫동안 독도를 실제로 다스려 왔어. 독도에는 우리나라 사람들이 살고 있고, 우리나라 경찰이 지키고 있지. 이제 독도를 일본 땅이라고 우기는 것이 얼마나 말이 안 되는 주장인지 알겠지?

주목할 어휘

1 **역사** | 인간 사회가 거쳐 온 모습에 대한 기록

2 **근거** | 어떤 일이나 의견에 대한 근본이 되는 증거

3 **정복** | 남의 땅을 공격하여 복종시킴

어휘

3 다음 지시에 따라 단어를 학습해 보세요.

(1) '금지'가 어떻게 이루어진 단어인지 살펴보세요.

금지

금할 금　　　그칠 지

어떤 행동을 하지 못하도록 함

다른 '지'의 뜻을 짐작해 보세요.

(2) 다음 중 멈추게 한다는 의미의 '그칠 지'가 사용된 단어에 ○표 하세요.

정지	지진	천지	저지
하던 일을 중도에서 멈춤	땅이 흔들리는 현상	하늘과 땅	막아서 그치게 함

독해

4 다음 지시에 따라 인물이 한 일을 정리하세요.

(1) 3문단에서 지증왕, 이용복을 찾아 ○표 하세요.

(2) 그들이 한 일을 찾아 밑줄을 그으세요.

(3) 그들이 한 일을 아래에 정리하세요.

지증왕: ....

인용복: ....

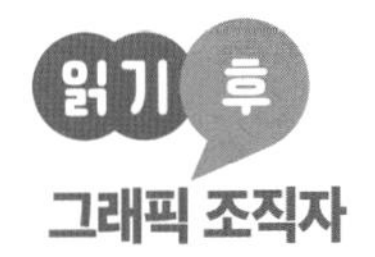

그래픽 조직자

5 독도가 우리 땅인 이유를 정리하세요.

이유 1	이유 2	이유 3
일본보다 우리나라에 훨씬 가깝다	우리 땅이라는 ❸ ____ 가 많다.	우리나라가 독도를 실제로 다스려 왔다.
독도는 울릉도에서 87.4km 떨어져 있다. 반면 일본 오키섬과는 ❶ ____ km다. 울릉도에서는 맨눈으로 보이지만 오키섬에서는 ❷ ____ .	신라 지증왕이 독도를 정복한 뒤 우산국이라고 이름을 붙였다. 일본은 울릉도와 독도 모두 ❹ ____ 인정했다. 일본 지도에도 역시 ❺ ____ 표시했다.	우리나라 사람이 살고 있다. ❻ ____ 지키고 있다.

❶ ____________ ❷ ____________

❸ ____________ ❹ ____________

❺ ____________ ❻ ____________

쓰기

6 다음 지시에 따라 편지를 쓰세요.

우선 말로 해 본 후 글로 정리하세요. 칸이 부족하면 노트에 써 보세요.

(1) 외국 친구들에게 독도가 우리 땅임을 알리려고 합니다.

(2) 5번에서 정리한 것을 참고하여 말하듯이 설명하세요.

____

____

____

발레리나가 발끝으로 춤을 추는 이유

배경지식

1 다음 지시를 모두 읽은 후 하나씩 따라 하세요.

(1) 유튜브에서 '백조의 춤'을 검색하세요.

(2) 검색된 발레 영상 중 하나를 골라 1분 정도 시청합니다.

(3) 본 동작 중 하나를 설명하세요.

이해 전략

글에 질문이 나오면 스스로 생각해 보며 읽으세요.

2 다음 지시를 모두 읽은 후 하나씩 따라 하세요.

(1) 2, 3, 4문단을 볼 수 없게 다른 책으로 가립니다.

(2) 1문단을 읽습니다.

(3) 1문단의 마지막에는 질문이 있습니다.

(4) 이 질문에 대한 여러분의 생각을 말해 보세요.

(5) 2, 3, 4문단을 읽으며 내 생각과 비교해 봅니다.

지문

발레리나가 발끝으로 춤을 추는 이유

1문단 발레 하면 발끝으로 서서 우아하게 빙그르르 도는 발레리나가 떠오를 거예요. 하지만 원래 발레는 왕과 귀족들이 높은 신발을 신고 추던 춤으로 특별히 어려운 동작은 없었어요. 하지만 점차 전문 무용수[1]들이 관객에게 보여 주기 위해 발레를 하게 되면서 어려운 동작들이 생겨났답니다. 그렇다면 발레리나는 왜 발끝으로 서서 춤을 출까요?

2문단 먼저 몸의 균형 감각이 돋보이기 때문이에요. 균형 감각은 움직임 속에서도 흔들리지 않고 안정적으로 자세를 취할 수 있는 감각을 뜻해요. 뛰어난 균형 감각을 지닌 발레리나는 보통 사람이라면 넘어질 수밖에 없는 자세에서도 흔들리지 않고 꼿꼿이 서 있을 수 있지요. 이런 동작을 통해 관객에게 아름다운 자세와 뛰어난 기술, 운동 능력 등을 보여 주는 거예요.

3문단 우아하고[2] 가벼운 움직임을 보여 줄 수도 있어요. 발레리나가 발끝으로 서면 허리에서 발끝까지의 선이 길어져 다리가 길어 보여요. 이 상태에서 빙글 돌거나 높이 뛰어오르면 순간적으로 공중에 떠 있는 것처럼 보여요. 이런 모습은 동화 속 요정이나 한 마리의 백조처럼 우아하고 환상적으로 보이지요.

4문단 발레의 대표적인 작품으로는 '백조의 호수', '호두까기 인형'이 있어요. 이런 작품을 검색해서 한번 감상해 보세요. 발레리나의 아름다운 모습에 매료[3]될지 몰라요.

주목할 어휘

1 **무용수** | 무용단에서 춤을 추는 일을 전문적으로 하는 사람

2 **우아하다** | 고상하고 기품이 있으며 아름답다

3 **매료** | 사람의 마음을 완전히 사로잡아 홀리게 함

어휘

3 다음 중 발레리나를 설명하는 단어로 가장 적절한 것을 고르세요. (   )

① 왕

② 귀족

③ 전문 무용수

④ 관객

⑤ 요정

독해

4 발레리나가 발끝으로 서는 이유가 아닌 것을 고르세요. (   )

① 요정처럼 환상적으로 보이기 위해서

② 몸의 균형 감각을 돋보이게 하기 위해서

③ 전문 무용수들이 아름다운 자세를 관객에게 보여 주기 위해서

④ 우아하고 가벼운 움직임을 보여 주기 위해서

⑤ 왕과 귀족들이 높은 신발을 신고 추던 춤이어서

이해 전략

글에서 그림으로 그릴 수 있는 내용이 있다면 머릿속으로 꼭 상상해 보세요.

5 3문단을 다시 읽고 여기서 떠올릴 수 있는 모습을 상상하여 그림으로 그리세요.

그림 1

그림 2

쓰기

공간이 부족하다면 노트에 써 보세요.

6 다음 지시를 모두 읽은 후 하나씩 따라 하세요.

(1) 여러분은 발레 무용수입니다.

(2) 친구에게 공연을 보러 오라는 초대장을 쓸 것입니다.

(3) 지문에서 말한 발레의 아름다움을 담아 보세요.

· 정답 · 예시 ·

31 구름과 안개의 공통점과 차이점

2 1문단 - 안개와 구름은 같은 것일까요?
2문단 - 성질만 보자면 안개와 구름은 같아요.
3문단 - 구름은 지표면에서 아주 먼 하늘 높은 곳에서 생겨요.
4문단 - 안개는 지표면에서 가까운 곳에서 생겨요.

3 (3) ① 기체 상태로 되어 있는 물
② 한데 엉기어 뭉치는
③ 지구 대기
(4) 둘 다 공기 속에 있던 물이 물방울로 엉기어 뭉치는 현상 때문에 지구 대기에서 일어나는 일이에요.

4 공통점 - 둘 다 공기 속의 수증기가 물방울로 변하는 응결 현상 때문에 일어나는 기상 현상이다
구름 - 지표면에서 아주 먼 하늘 높은 곳에서 생긴다.
안개 - 지표면에서 가까운 곳에서 생긴다.

5 ③

32 엘니뇨와 라니냐

1

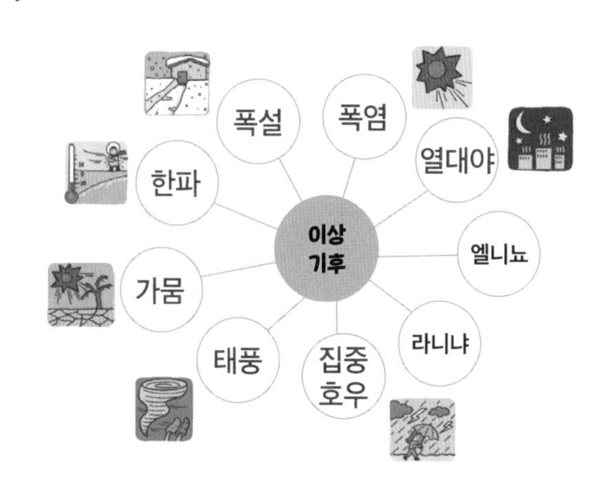

3

한자 1	한자 2		단어	의미
사나울 폭 +	비 우	=	폭우	갑자기 세차게 쏟아지는 비
	눈 설		폭설	갑자기 많이 내리는 눈
	바람 풍		폭풍	매우 세차게 부는 바람
	달릴 주		폭주	매우 빠른 속도로 난폭하게 달림

4 (1) 엘니뇨, 라니냐
(4) 평소보다 바닷물 온도가 높아진 현상을 엘니뇨라 하고 낮아진 현상을 라니냐라 한다.

5 (1) 2문단

(2)

엘니뇨와 라니냐는 지구의 기후 전체에 영향을 미쳐요. 바닷물 온도가 공기와 바닷물의 흐름을 바꾸기 때문에, 세계 곳곳에 이상기상 현상을 일으키죠. ❶ 평소보다 따뜻한 겨울이 오거나 반대로 한파[2]가 오기도 해요. ❷ 비가 많이 오던 지역에 가뭄이 들거나, ❸ 비가 적게 오던 지역에 폭우가 내리기도 하지요. ❹ 가뭄으로 인해 산불이 일어나기도 하고, ❺ 태풍이 오기도 하고, ❻ 갑작스레 질병이 증가하기도 해요. 그래서 엘니뇨가 생긴 해에는 ❼ 인명 피해가 급증해요. 가뭄이나 홍수 등으로 집을 잃은 ❽ 이재민[3]이나 사망자가 크게 늘기 때문이에요. ❾ 재산 피해도 매우 크지요.

33 태풍이 하는 일

3 ② 태풍 ③ 강풍 ④ 집중호우

4 ②

5 ① 적도, ② 공급, ③ 적조

34 이순신 장군

1 공중전, 문관, 무관, 해전

2 1545년, 27세, 4년 뒤, 31세, 46세, 14개월 만, 보름 만, 1592년, 1597년, 1598년

4

시기	한 일
1545년	서울에서 태어남
27세	무관 시험을 보지만 떨어짐
31세	무관이 됨
46세	전라좌수사에 임명됨
1592년	한산도대첩에서 학익진 전법을 사용함
1597년	명량대첩에서 12척의 배로 133척의 왜군과 싸워 승리함
1598년	노량해전에서 세상을 떠남

5 ① 경상좌수사, ② 경상우수사, ③ 전라우수사

35 스키와 스노보드를 아시나요?

1 스키, 스노보드, 피겨스케이팅, 스피드스케이팅, 크로스컨트리, 썰매, 봅슬레이, 스켈레톤, 개썰매, 아이스하키, 눈싸움, 얼음 낚시

2

스키와 스노보드를 아시나요?

1문단 겨울철 눈 덮인 산비탈[1]을 신나게 미끄러져 내려오는 스포츠, 바로 스키와 스노보드입니다. 닮은 듯하지만 서로 다른 스키와 스노보드에 대해 알아보겠습니다.

2문단 스키는 아주 오래전부터 이동 수단으로 활용되다 지금은 스포츠가 되었어요. 스키를 타려면 스키 판, 스키 신발, 폴이 모두 한 쌍씩 필요해요. 기다란 널빤지[2] 모양의 스키 판은 바인딩을 붙여 이용해요. 바인딩은 스키와 스키 신발을 연결해 주는 장치예요. 폴은 끝이 뾰족한 막대로 몸의 균형을 잡기 위해 사용해요.

3문단 스노보드는 역사가 50년밖에 안 되는 스포츠로 필요한 장비[3]는 이보다 적어요. 스노보드 데크 1개와 신발 한 쌍이 필요합니다. 스노보드 데크 역시 스키 판처럼 기다란 널빤지 모양이지만 넓이는 훨씬 넓어요. 스키처럼 바인딩을 통해 데크와 신발이 연결되지요.

4문단 스키를 탈 때는 두 다리가 서로 다른 판에 연결되어 두 다리를 따로 움직여서 타게 돼요. 반면 스노보드를 탈 때는 두 다리가 하나의 데크에 연결되어 두 다리를 따로 움직일 수 없어요. 스키는 폴을 이용해 땅을 짚을 수 있지만 스노보드는 폴이 없어 장갑을 낀 손으로 땅을 짚게 돼요.

3 스키 신발 폴 스키 판

4

5 ②

6 나는 스노보드를 타 보고 싶다. 왜냐하면 스노보드를 타고 다양한 묘기를 부리고 싶기 때문이다. 그리고 두 손으로 폴을 잡지 않고 타는 모습이 자유로워 보인다.

36 개기 월식의 관측 보고서

3 지구의 그림자에 의해 달이 어두워지는 모습이 마치 달이 무언가에 의해 좀먹히는 듯 보였기 때문

4

오후 6시 09분 / 오후 7시 05분 / 오후 7시 18분

오후 8시 40분 / 오후 8시 23분 / 오후 7시 59분

5

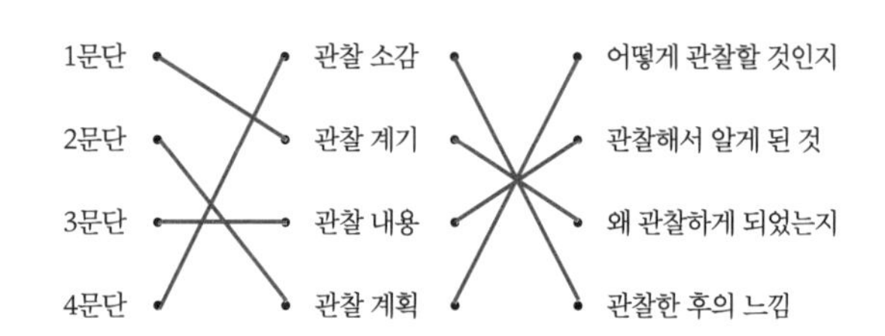

6
- 개기 월식은 언제 또 볼 수 있을까?
- 옛 사람들은 개기 월식을 볼 때 어떤 생각을 했을까?
- 개기 월식과 비슷한 다른 현상도 있을까?

37 사라진 직업과 새롭게 생겨난 직업

3

돈을 벌기 위해 자신의 적성과 능력에 따라 어떤 일을 지속적으로 하는 것을 직업이라고 합니다.

4 ①

5

사라진 직업	새롭게 생겨난 직업
전기수	미디어 콘텐츠 창작자
버스 안내원	데이터 과학자

38 친환경 농업이 떠오른다

3

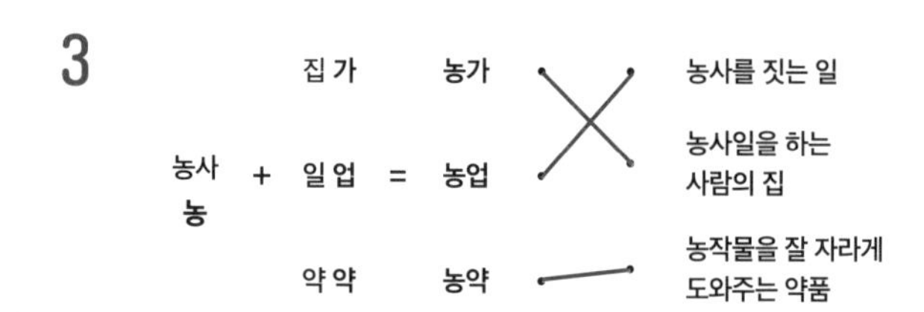

4 비료, 제초제

5 (1) 2문단

(2), (3)

1. 곤충과 새들이 다시 나타났어요.
2. 농부들도 건강을 되찾았고요.
3. 농부들의 소득은 늘었고
4. 소비자는 안심하고 먹을 수 있는 먹거리를 구할 수 있게 되었죠.

39 한복, 한식, 한옥

2 우리만의, 대표적인, 독특하고

3

한자 1	한자 2		한자어	뜻
윗 상	옷 의	→	상의	위에 입는 옷
아래 하	옷 의	→	하의	아래에 입는 옷
마실 음	먹을 식	→	음식	먹고 마시는 것
바깥 외	먹을 식	→	외식	밖에서 음식을 사 먹는 일
살 주	백성 민	→	주민	일정 지역에 사는 사람
살 주	집 택	→	주택	사람이 살 수 있게 지은 집

5 ① 한복은 우리나라 옷으로 몸을 넉넉히 감싸 주고 직선이 아름답다. (X)
② 한복은 일상생활을 하기에 조금 불편하다. (O)
③ 한식은 종류와 조리법이 무척 다양하다. (O)
④ 한옥은 주로 나무와 흙으로 만든다. 양반들은 기와집에 평민들은 초가집에 주로 살았다. (O)

40 피아노는 어떻게 생겨났을까?

1 F, F, T, T

3 ②

4 (1) ③, (2) ①

5 건반을 누르는 세기에 따라 큰 소리부터 작은 소리까지 낼 수 있는

6 피아노는 기존 건반 악기의 문제점을 고친 최고의 악기입니다. 피아노는 세게 누르면 소리가 크게 납니다. 그래서 여러분의 감정을 충분히 표현할 수 있습니다. 그 덕분에 듣는 사람의 마음까지 편안하게 해 줍니다.

41 녹아 없어지는 플라스틱

1 액자, 소형 화분, 창문틀, 필통 등 (철제, 도자기, 헝겊 등 다른 소재로 된 물건도 있으니 잘 살펴보세요.)

3 ④

4 ③

5 ④

6 썩지 않는 플라스틱은 환경에 문제를 일으킵니다. 대표적으로 바다 동물이 플라스틱을 먹고 죽는 경우가 많습니다. 이런 문제를 해결하기 위해서 바이오 플라스틱을 사용해야 합니다. 썩어 없어진다면 동물들이 플라스틱을 먹고 죽는 일은 사라질 것입니다.

42 백성을 사랑한 세종 대왕

6 만약 세종 대왕이 한글을 만들지 않았다면 우리는 한자를 써야 할 것이다. 그런데 한자는 매우 복잡해 외우기도 쓰기도 쉽지 않다. 그래서 우리는 글을 읽고 쓰는 데 큰 어려움을 겪었을 것이다.

43 제로 음료, 먹어도 될까?

3 (2) 설탕이 전혀 들어 있지 않은 음료
(3) 설탕 대신 단맛을 내는 아스파탐, 사카린, 스테비아 등의 비설탕 감미료가 들어가 있어요.

4 ④

5 (1) 설탕
(2) 사카린, 스테비아
(3) 도움이 되지 않는다
(4) 좋은 미생물을 줄어들게 한다
(5) 당뇨병이나 심장 및 혈관
(6) 살찔 걱정 없이 단맛을 계속 좋아하게 해서

6 (2) 피로 회복제를 먹으면 건강해진다고 광고하고 있다.
(3) 약을 먹는다고 모든 문제가 해결되는 것은 아니다. 약에는 부작용도 있을 수 있으므로 주의해야 한다.

44 세금 내는 나무

3 모범, 세금, 납세, 둘레, 지정, 수호

4 ③

5 ④

6 1998년 12월 23일에 천연기념물로 지정되었다.
1996년에는 8240원, 1998년에는 10440원의 세금을 납부하였다.
마을을 지켜 주는 수호목이자 당호목이다.

45 도자기 공방에 다녀왔어요

3

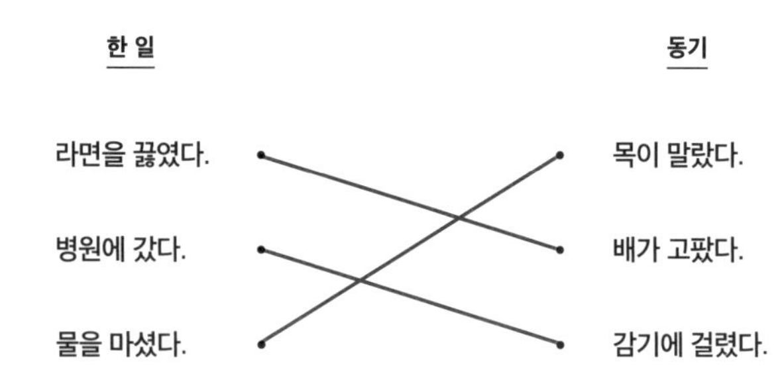

4 ④

5 (1) 나도 직접 예쁜 그릇을 만들어 보고 싶어서
(2) 흙을 떼내는 도구, 자르거나 파내는 도구, 흙을 돌리는 판, 가마
(3) 공기 방울이 생기지 않도록 주의해야 하기 때문

6 별별 도자기 공방으로 오세요.
이곳에서는 여러 도자기를 구경할 뿐만 아니라 예쁜 그릇을 직접 만들어 볼 수 있어요. 도자기를 만드는 여러 도구를 구경하고 직접 손으로 굴려 반죽도 만들어요. 그리고 그 반죽을 가마에 넣어 예쁜 그릇으로 만들지요. 정말 귀중한 경험이 될 거예요.

46 미세 먼지가 뭐길래?

3 매우 빠른 속도, 매우 높은 층

4 (1) 마이크로미터
(3) 십 마이크로미터, 이점오 마이크로미터, 오십에서 칠십 마이크로미터

5 ②

6 (1) 미세 먼지의 크기, 생기는 곳, 영향 등
(2) • 미세 먼지: 10um 정도의 매우 작은 먼지
• 생기는 곳: 도로변, 공장 단지 주변, 담배 연기, 중국
• 영향: 좋지 않은 성분으로 우리 몸을 아프게 함
• 대응법: 마스크 착용

47 아이들은 갈 수 없는 공간

1 키즈 카페, 노키즈존, 포토존, 스트라이크 존, 노재팬

3 나가고 들어감, 학교에 들어감, 물건을 사들임

4

찬성	반대
• 다른 사람들에게 불편을 끼치는 아이들이 많음	• 모든 어린이가 공중도덕을 어기는 것도 아님
• 시끄럽게 떠들거나 뛰어다니면서 피해를 끼침	• 어린이라는 이유만으로 출입을 금지하는 것은 차별임
• 컵을 깨뜨리거나 뜨거운 음식에 데이는 등의 사고로 이어질 수 있음	• 점점 더 많은 차별이 생길 수 있음

6 저는 노키즈존에 찬성합니다.
왜냐하면 질서를 지키지 않는 친구들이 너무 많기 때문입니다. 학교에서도 선생님의 지시를 따르지 않는 친구들이 많습니다. 이렇게 행동하면 다른 사람들에게 피해가 갑니다. 노키즈존을 만들어 다른 사람에게 피해를 주는 어린이들이 그 공간을 사용할 수 없게 해야 합니다.

48 순천만을 다녀와서

1 거짓, 진실, 거짓

2 ① 새를 관찰하기에는 겨울이 가장 좋다고 해서
② 순천만이 강과 바다가 만나는 경계에서 생긴 연안 습지라는 것을 알게 되었다.
③ 동생은 게를 잡고 싶어 했지만 이곳의 생물들은 보호해 주어야 한다고 해서 보기만 했다.

3

새	기타 생물
흑두루미, 청둥오리, 저어새, 고니, 검은머리갈매기	짱뚱어, 게

4

장소	한 일
순천만 천문대	망원경으로 흑두루미와 청둥오리 관찰
자연 생태관	순천만이 연안 습지라는 것을 알게 됨
갈대숲 탐방로	짱뚱어와 게를 관찰

5 질문 1: 람사르 협약은 어떤 것일까?
질문 2: 습지는 왜 보호해야 하는 걸까?

49 인터넷을 사용할 때 주의해야 할 것

1

단어	의미	문장
모욕	깔보고 욕되게 함	기름이 바다로 ○○ 되었어.
악성	악한 성질	다른 사람을 ○○하면 안 돼.
유출	밖으로 흘러 나감	○○ 바이러스가 유행이다.

3

문단	중심 문장
1문단	인터넷으로 할 수 있는 일이 많아진 만큼 반대로 주의해야 할 점도 많아졌어요.
2문단	우선 아무리 인터넷 세상이라고 해도 예절을 지켜야 해요.
3문단	인터넷 세상에서는 자기 자신을 지키는 것도 필요해요.
4문단	다른 사람의 권리를 침해하지 않도록 조심하세요.

4 ⑤

5 사실, 의견, 의견, 사실

6 인터넷에서는 자기 자신을 지켜야 해요
개인정보를 유출하지 않도록 하세요. 왜냐하면 나쁜 사람들이 이용할 수 있어요.
사진을 올릴 때도 한 번 더 생각하세요. 왜냐하면 나중에 어떤 문제가 생길 수 있어요.

50 물놀이 주의 사항

1 • 친구를 일부러 빠트리는 놀이
• 깊은 곳에 가서 놀기
• 준비 운동 없이 물에 들어가기

3 준비 운동 하기, 안전 장비 챙기기, 깊은 곳에 들어가지 않기, 음식을 먹은 후 바로 들어가지 않기, 물에서 음식 먹지 않기, 중간중간 쉬어 주기, 어린이는 어른과 함께 이용하기

4 ⑤

6 물놀이를 할 때는 중간중간 쉬어 주는 것이 매우 중요합니다. 물놀이가 재미있어서 쉬지 않고 계속해서 놀려는 친구들이 있는데요. 그런 경우 체력이 떨어져 위험할 수도 있어요. 갑자기 쥐가 나거나 해서 물에 빠질 수 있습니다. 그러니 물놀이를 할 때는 중간중간 잘 쉬어 주면서 놀아야 합니다.

51 꿀벌 구출 작전

3 (2) 이 꽃과 저 꽃을 오가며 꽃가루를 옮겨 주는 일
(3) 꿀을 모으러 나갔던 일벌이 돌아오지 않아 벌집에 남아 있던 여왕벌과 애벌레가 단체로 죽는 현상

4 ③→④→⑥→①→⑤→⑦→②

5 3문단, 2문단, 1문단, 4문단

6 나는 꿀벌이 그렇게 중요하다는 사실에 놀랐습니다. 꿀벌은 여러 곤충 중 하나일 뿐이라고 생각했었습니다. 하지만 꿀벌은 생각보다 훨씬 우리 환경에 중요한 역할을 맡고 있습니다. 나는 꿀벌을 살릴 수 있는 다양한 방법을 더 알고 싶습니다.

52 인도 독립의 아버지, 간디

1

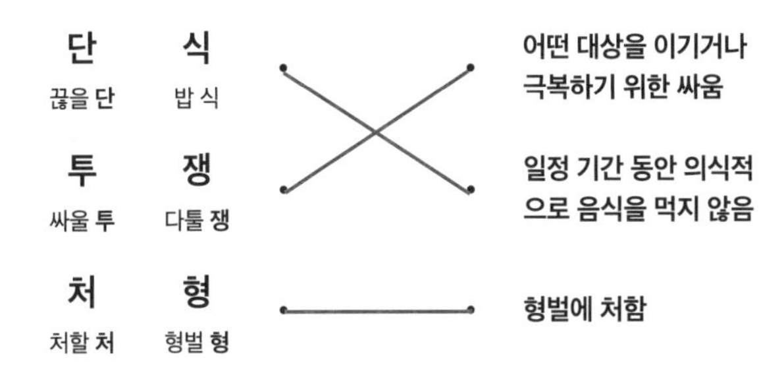

3

	문장	고친 내용
1	인도에서 태어나 영국에서 ~~변호사로 일했다.~~	가 되었다.
2	영국인이 없는 것처럼 행동하는 ~~불복종~~ 운동을 벌였다.	비폭력 저항
3	소금을 영국으로 ~~수출하자며~~ 소금 행진을 벌였다.	만들어 쓰자며
4	79세의 나이로 같은 ~~이슬람교~~ 신자의 손에 목숨을 잃었다.	힌두교

4 (2) 영국 물건을 쓰지 않고 영국인이 가르치는 학교에 다니지 말며 영국인이 없는 것처럼 행동하는 것이다.

(4) 직접 소금을 만들어 쓰자는 운동이다.

5

1869년	영국의 식민지였던 인도에서 태어남
1919년	영국에 저항하는 인도인은 재판 없이 처형할 수 있다는 법을 만들었음
1930년	영국은 모든 소금을 영국에서 수입해서 써야 한다는 법을 만듦
1947년	인도가 영국으로부터 독립함
1948년	같은 힌두교 신자의 손에 목숨을 잃음

6
- 남아프리카에서 어떤 인종차별을 경험했나요?
- 왜 독립운동을 하기로 마음먹었나요?
- 비폭력 저항운동과 소금 행진을 벌일 때 두렵지는 않았나요?
- 다시 태어나도 똑같이 행동할 것인가요?
- 인도는 앞으로 어떻게 변화하길 바라나요?

53 지진 발생시 국민 행동 요령

2 ① 제일 먼저 튼튼한 탁자 아래에 들어가 몸을 보호합니다.

② 흔들림이 잠시 멈추면 화재에 대비해 가스와 전깃불을 끄고 문이나 창문 등의 출구를 확보합니다.

③ 흔들림이 완전히 멈추면 유리 조각이나 떨어진 물체에 발을 다치지 않게 신발을 갖춰 신고,

④ 엘리베이터가 아닌 계단을 이용해서 건물 밖으로 나옵니다.

⑤ 밖으로 나와서는 건물이나 담장으로부터 떨어져 이동하며,

⑥ 공원이나 운동장 등 떨어지거나 무너질 만한 물건이 없는 넓은 공간으로 걸어서 대피합니다.

⑦ 대피 장소에서는 안내에 따라 질서를 지켜 이동합니다.
⑧ 근거 없는 소문에 귀 기울이지 말고 라디오나 공공기관의 안내 방송에 따라 행동합니다.
⑨ 공공기관이 제공하는 정보에 따라 귀가 여부를 결정하며,
⑩ 집이나 사무실로 돌아간 후에는 안전에 유의하여 주변을 확인하는 것이 중요합니다.

3 (2) 집이나 사무실로 돌아간
(3) 집으로 돌아감

4 ②, ①

5 ⑤

6 2. 문이 닫혀 못 나가는 일이 생기지 않도록
3. 엘리베이터가 고장날 수 있으므로
4. 건물에서 떨어지는 것에 맞지 않도록
5. 많은 사람이 질서를 어겨 사고가 나지 않도록
6. 잘못된 내용을 듣고 잘못된 행동을 하지 않도록

54 창업에 동의해주세요!

3

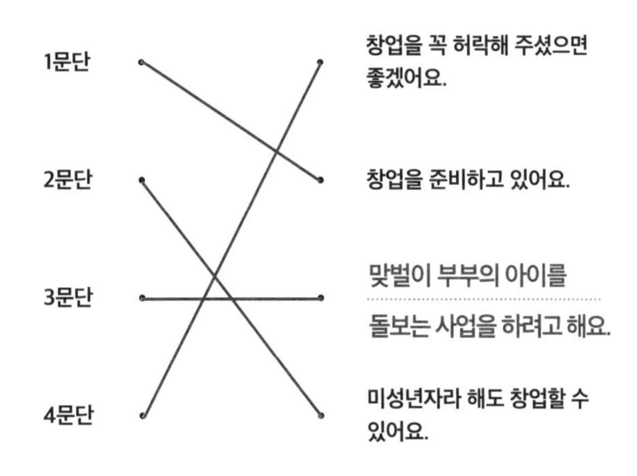

4 ④

5

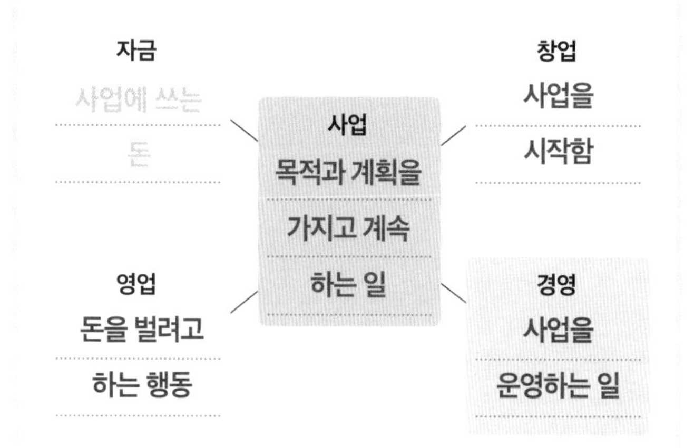

6 사랑하는 아들, 민혁이에게
네가 사업을 시작하겠다고 하니 정말 놀랍구나. 아직 어린아이인 줄만 알았는데 많이 컸다는 생각을 했어. 아빠는 네가 잘 해낼 거라고 생각해. 물론 처음부터 쉽지는 않겠지만 분명히 해낼 수 있을 거야. 아빠는 너를 늘 응원한단다.
사랑하는 아빠가

55 판화의 종류

2 1문단 - 판화, 2문단 - 볼록 판화
3문단 - 오목 판화, 4문단 - 공판화

3

볼록 판화	오목 판화	공판화
볼록한 면에 잉크를 묻혀 찍는 판화	오목한 곳에 잉크를 넣어 찍는 판화	구멍에 잉크를 뿌리거나 발라 찍어 내는 판화

4 ⑤

5 (2)

반대로 오목 판화는 오목한 곳에 잉크를 넣어 찍는 판화예요. 먼저 ① 뾰족한 도구로 판을 긁어서 그림을 그려요. 그림을 다 그리면 ② 판에 잉크를 칠한 다음 ③ 평평한 부분 쪽에 묻은 잉크를 닦아 내요. 그러면 오목한 부분에만 잉크가 남겠지요? 그런 다음 ④ 젖은 종이를 판에 덮고 세게 누르면 오목한 곳에 있던 잉크가 종이에 찍혀 나와요.

❶	뾰족한 도구로 판을 긁어서 그림을 그린다.
❷	판에 잉크를 칠한다.
❸	평평한 부분 쪽에 묻은 잉크를 닦아 낸다.
❹	젖은 종이를 판에 덮고 세게 누른다.

6 오목 판화, 볼록 판화, 공판화

56 운동을 해야 하는 3가지 이유

3

단어	열량	과다하게	내장
의미	음식물에 든 에너지	지나치게	우리 몸속 기관

4

문단	2문단	3문단	4문단
이미지			

5

	중심 문장
1문단	여러분의 여가 시간에 운동을 포함시키면 어떨까요?
2문단	운동은 몸무게가 지나치게 느는 것을 막아 줘요.
3문단	운동은 우리 몸을 더욱 튼튼하게 만들어 줘요.
4문단	운동은 우리 삶을 더 즐겁게 만들어 줘요.
5문단	더 행복하고 싶다면 운동을 해 보세요.

6 운동을 꾸준히 해야 합니다. 왜냐하면 운동은 즐겁습니다. 친구들과 땀을 흘리고 나면 걱정을 잊어버리게 됩니다. 또 운동은 우리 몸을 건강하게 합니다. 몸무게가 지나치게 느는 것을 막아 주고 질병에 걸리는 것도 막아 줍니다. 방 안에서 게임만 하지 말고 나가서 뛰어 보세요. 더 행복해질 겁니다.

57 무역을 하는 이유

3 (3) 비싸진 가격을 다시 내리는 것
(4) 상품이 모자라 가격이 올랐을 때 외국에서 그 물건을 사 오면 상품이 많아져 가격이 다시 내릴 것이므로

4 ②

5 1. 자기 나라에서 나지 않는 자원을 얻을 수 있다.
2. 자기 나라에서 만들지 못하는 상품을 이용할 수 있다.
4. 수출을 통해 많은 물건을 팔아 더 큰 이익을 얻을 수 있다.

58 화산학자

3

4 ②

5 (1) 2
(2) 걱정하는 조카 민준이를 안심시키기 위해
(3) 네
(4) 예보에 따라 미리 대피할 수 있고, 로봇과 인공위성을 사용하는 등 위험한 일은 기계로 대신한다고 설명했기 때문

6 • 화산학자가 하는 일
• 화산학자, 위험하지 않을까?
• 화산학자가 안전한 이유

59 독도가 우리 땅인 이유

1 제주도, 울릉도, 독도, 강화도, 거제도, 영종도

3 정지, 저지

4 지증왕 - 독도를 정복한 뒤 우산국이라고 이름 붙였음
안용복 - 울릉도에 일본 고깃배가 들어오는 걸 일본에 따졌음

5 ① 157.5km
② 보이지 않는다.
③ 역사적 근거
④ 조선 땅임을
⑤ 독도를 한국 땅으로
⑥ 우리나라 경찰이

6 일본이 독도를 자기네 땅이라고 우기지만 독도가 분명한 한국 땅이라는 점을 알아주었으면 해. 이유는 크게 세 가지야. 첫째, 독도는 일본보다 우리나라에 훨씬 가까워. 둘째, 독도는 우리 땅이라는 역사적 근거가 많아. 세 번째, 우리나라가 독도를 실제로 다스려 왔어. 이제 더 이상 일본의 거짓말에 속지 말아 주길 바라.

60 발레리나가 발끝으로 춤을 추는 이유

1 발레리나가 발을 세워서 걷는다. 발을 땅에 디딛지 않고 발뒤꿈치를 들고 발가락만으로 걷고 있다.

3 ③

4 ⑤

6 윤서에게
윤서야 내가 발레 공연을 하게 되었어. 네가 꼭 보러 와 주면 좋겠어. 발레에는 발끝으로 서서 춤을 추는 동작이 있단다. 이 동작을 하면 다리도 길어 보이고 마치 공중에 떠 있는 것처럼 보이기도 해. 이런 멋진 동작을 하는 나를 와서 봐 주겠니?